MW01639596

ASSiMiL
Langues de poche

Mise en pages : **ASSIMIL** France

ISBN 978-2-7005-0453-8
ISSN 2109-6643

La version originale de cet ouvrage est parue en allemand sous le titre **Englisch Wort für Wort**, aux éditions Reise Know-How Verlag Peter Rump GmbH, Bielefeld.

L'Anglais de poche

Doris Werner-Ulrich

adaptaté et augmenté par
Katy Howard

Illustrations de J.-L. Goussé

B.P. 25
94431 Chennevières sur Marne cedex
FRANCE

La Collection
Langues de poche

Afrikaans – Albanais – Allemand – Alsacien – Anglais – Anglais pour globe-trotters – Anglais australien – Arabe algérien – Arabe égyptien – **Arabe libanais*** – **Arabe littéraire*** – Arabe marocain – Arabe tunisien – Arabe des pays du Golfe – Arménien – Auvergnat – Basque – Brésilien – Breton – Bruxellois – Bulgare – Calédonien – Catalan – Chinois – Chtimi – Coréen – Corse – Créole capverdien – Créole guadeloupéen – Créole guyanais – Créole haïtien – Créole martiniquais – Créole mauricien – Créole réunionnais – Croate – Danois – Espagnol – Espagnol d'Argentine – Espagnol de Cuba – Espagnol de République dominicaine – Espagnol du Mexique – Espéranto – Estonien – Finnois – Flamand – Francoprovençal – Gallois – Gascon – Géorgien – Grec – Hébreu – Hiéroglyphe – Hongrois – Indonésien – Irlandais – Islandais – Italien – Italien pour fans d'opéra – Japonais – Kabyle – Lao – Languedocien – Letton – Lingala – Lituanien – Lyonnais – **Luxembourgeois*** – Malgache – Maltais – Maori – Marseillais – Néerlandais – Norvégien – Ourdou – Picard – Platt lorrain – Polonais – Portugais – Provençal – Québécois – Roumain – Rromani – Russe – Serbe – Slovaque – Slovène – Suédois – Suisse alémanique – Tagalog – Tahitien – Tamoul – Tchèque – Thaï – **Tibétain*** – Turc – Vietnamien – Wallon – Wolof – Zoulou

Français à l'usage des étrangers

- anglophones
- germanophones
- hispanophones
- Hongrois
- Italiens
- Japonais
- lusophones
- néerlandophones
- Polonais
- russophones
- Turcs

Sans interdits (Argot)

- Américain
- Anglais
- Bruxellois
- Espagnol
- Flamand
- Argot français pour néerlandophones
- Wallon

* En cours de réalisation, à paraître prochainement.

Assimil,

une recette différente

Vos ingrédients :

- un condensé de grammaire ;
- une bonne dose de conversation, à base d'éléments nutritifs et variés ;
- un saupoudrage savamment dosé de conseils d'amis et de tuyaux sur les coutumes locales ;
- une bibliographie légère ;
- en dessert, un double lexique ;
- pour pimenter un peu le menu, un zeste d'humour avec nos illustrations souriantes ;
- et, en prime, six rabats ingénieux pour vous mettre en appétit.

Il ne vous reste plus qu'à mettre les pieds sous la table pour déguster ce repas équilibré au gré de votre appétit, et en tirer tous les bienfaits : confiance, joie de communiquer et de devenir un peu plus qu'un simple touriste.

Ce manuel ne prétend pas remplacer un cours de langue, mais si vous investissez un peu de temps dans sa lecture et apprenez quelques phrases, vous pourrez très vite communiquer. Tout sera alors différent, vous vivrez une expérience nouvelle.

Un conseil : ne cherchez pas la perfection ! Vos interlocuteurs vous pardonneront volontiers les petites fautes que vous pourriez commettre au début. **Le plus important, c'est d'abandonner vos complexes et d'oser parler.**

SOMMAIRE

AVANT-PROPOS

GRAMMAIRE

CONVERSATION

ANNEXES

AVANT-PROPOS

Quel que soit votre pays de destination, vous n'en franchirez réellement les frontières qu'en abattant – du moins un peu – les barrières de la langue.
Pour communiquer, il vous suffit de comprendre... un peu et de vous faire comprendre... un peu ! Nous nous proposons de vous y aider avec *L'Anglais de poche*.

En vous soufflant des "mots de passe" pour la plupart des situations que vous serez appelé à rencontrer dans vos voyages, nous mettons à votre disposition un sésame indispensable. Notre ambition n'est pas que vous vous exprimiez d'une manière académique parfaite, mais que vous entriez dans le monde anglophone d'un pas assuré. Vous aurez tout loisir par la suite, si le cœur vous en dit, d'approfondir vos connaissances.

La "langue de Shakespeare" est aujourd'hui la langue de la communication internationale, et le monde anglophone s'étend bien au-delà des frontières de la Grande-Bretagne. On estime que d'ici 2050, la moitié de la planète saura comprendre, sinon parler, l'anglais de manière plus ou moins efficace.

Mais l'anglais constitue aussi et surtout une partie essentielle de la culture britannique – vous la découvrirez en voyageant à travers le pays et avec l'aide de ce manuel de conversation.

Raison de plus pour vous y mettre – ou vous y remettre pour rafraîchir vos souvenirs. En très peu de temps, avec un minimum de connaissances grammaticales, de vocabulaire utile et d'informations sur le pays, vous deviendrez un interlocuteur de choix. Celui – ou celle – qui fait l'effort de faire un pas vers l'autre en apprenant sa langue. Vous en serez d'autant plus apprécié par les Britanniques qui, en contrepartie, vous offriront un accueil très chaleureux.

Il ne nous reste qu'à vous souhaiter bon voyage et… ne gardez pas votre "langue (de poche)" dans votre poche… elle ne demande qu'à s'exprimer !

Welcome! *Bienvenue !*

MODE D'EMPLOI

La grammaire

Elle se limite à l'essentiel et se présente avec un maximum de simplicité et de rigueur. Nous avons volontairement laissé de côté certaines particularités grammaticales ainsi que les exceptions et nuances qu'il n'est pas indispensable de connaître. Parcourez-en les différents chapitres sans chercher à tout retenir d'emblée. Vous pourrez revenir sur des points particuliers quand vous en ressentirez le besoin, au fil de vos lectures de la partie ***Conversation***.

La conversation

La première partie aborde les thèmes utiles en général, lors d'un voyage en pays anglophone (pour s'orienter, se déplacer, aller à l'hôtel, manger et boire…). La seconde partie est plus spécifiquement consacrée à des régions de Grande-Bretagne (le Nord, le Sud, l'Écosse) et à Londres. La dernière partie, quant à elle, apporte des renseignements utiles pour téléphoner, envoyer des lettres et des e-mails, aller chez le médecin, etc.

Les lexiques

Ils rassemblent, à la fin du livre, plus de 2 000 mots avec lesquels vous pourrez faire face à la plupart des situations de la vie quotidienne.

Comment utiliser les phrases-exemples

Tout au long de votre lecture, vous trouverez de nombreuses phrases utiles, que vous pourrez réemployer telles quelles ou qui vous serviront de base pour en créer d'autres, avec un vocabulaire différent.
La première ligne, en gras, correspond à la **phrase en anglais**.
La deuxième ligne vous donne la *prononciation*.
La troisième ligne, en petits caractères, indique la traduction mot à mot. Cette traduction vous permettra de voir plus facilement comment se construit la phrase anglaise. Chaque mot y est traduit littéralement.

My name is Robert.
ma^{i} nè^{i}m iz ròb^{eu}t
mon nom est Robert
Je m'appelle Robert.

Parfois, deux ou plusieurs mots sont nécessaires pour traduire un mot anglais. Dans ce cas, nous les relions par un ou plusieurs tirets dans la traduction mot à mot :

Where's the nearest petrol station?
où-est la plus-proche essence station

Lorsqu'il est possible d'interchanger différents mots dans une même phrase, nous les séparons par une barre oblique :

What's your name?
quel-est ton / votre nom
Comment t'appelles-tu / vous appelez-vous ?

Les chiffres

Petit plus pour vous faciliter l'arithmétique : dans ce livre, les numéros de pages sont indiqués en anglais. Pensez-y quand vous aurez besoin de compter !

Les rabats

Ils vous permettent de retrouver très vite des éléments essentiels pour comprendre et vous faire comprendre rapidement, sans avoir à feuilleter votre guide – les mots et tournures les plus utiles, les nombres, un petit tableau des conversions, etc. Et si un jour vous êtes un peu perdu dans vos facultés linguistiques (l'émotion, certainement !), vous pourrez toujours vous référer au volet ***Rien compris ? Essayez ça !***, véritable *nec plus ultra* des essentiels de la communication !

Abréviations utilisées dans ce guide

f. = féminin m. = masculin pl. = pluriel

Dans la traduction mot à mot, vous trouverez parfois la mention "[aux. …]". Elle indique la présence d'un auxiliaire nécessaire pour conjuguer le verbe anglais mais dont la traduction littérale compliquerait la compréhension de la phrase au lieu de la rendre plus claire.

PRONONCIATION ET TRANSCRIPTION PHONÉTIQUE

Quelques remarques pour commencer

La transcription phonétique que nous vous proposons dans ce guide a pour but de vous aider à bien prononcer l'anglais sans avoir à apprendre les codes de la phonétique internationale.

Il s'agit ici d'une transcription "à la française", où nous avons utilisé, dans la mesure du possible, les règles dont vous vous servez pour lire le français. Mais l'anglais, comme chacun sait, ne se prononce pas exactement comme le français. Voici donc quelques remarques avant de démarrer :

• En anglais, contrairement au français, la syllabe tonique (celle qui se prononce de manière plus appuyée) se situe rarement en fin de mot. Dans les mots de plusieurs syllabes, la syllabe tonique sera donc soulignée :

movement
mou:vme'nt
mouvement

Appuyez bien sur la première syllabe du mot.

• Certaines voyelles sont longues ; nous les faisons suivre de ":". Pensez-y en prononçant :

meat
mi:t
viande

En prononçant le *i:*, prenez deux fois plus de temps que pour le i de "vite" par exemple.

• L'anglais ne connaît pas les nasales. Pour vous éviter des erreurs de prononciation, dans notre transcription phonétique, nous séparons les voyelles du n (et parfois du m) au moyen de l'apostrophe (') :

wind
wi'nd
vent

hand
Hà'nd
main

Vous trouverez encore l'apostrophe dans d'autres cas. Souvenez-vous qu'elle indique toujours que deux lettres se prononcent de manière bien distincte.

• En fin de mot, le **d**, le **s**, le **t**, ne sont jamais muets – pensez à bien les prononcer !

rabbit
ràbit
lapin

mustard
mæsted
moutarde

rabbits
ràbitss
des lapins

On entend bien le **t** et le **d** final. Pour plus de "sécurité", nous doublons le s final dans la prononciation.

• La langue anglaise comprend plusieurs diphtongues et triphtongues, c'est-à-dire des sons qui combinent deux ou trois voyelles dont certaines se prononcent de manière plus atténuée que la ou les autres. Pour faire ressortir visuellement ces nuances importantes, nous avons choisi de mettre en exposant les sons qui se prononcent de façon atténuée. Le principe est simple : **mouse** *ma^{ou}ss, souris* – le *a* se prononce "normalement", alors que le ^{ou} est atténué. Mais attention, liez bien les deux sons, ne les prononcez pas de manière hachée !

• Nombreux sont les mots anglais qui se terminent en **-er** ou **-or**. Pour vous éviter de prononcer, par exemple, le mot **dresser**, *buffet de cuisine* soit *dressé*, soit *dresseur*, ou encore *dressère* à la manière d'une Arletty parlant d'atmosphère, nous avons choisi de transcrire cette terminaison par ^{eu} ; le mot anglais **dresser** se prononce donc *drèss^{eu}*.

• Finalement, vous verrez qu'en anglais une même lettre ou un même groupe de lettres peut avoir plusieurs prononciations. Vous découvrirez ces différences à l'usage, avec notre transcription phonétique, et vous les maîtriserez bientôt.

Sons voyelles

Notre trans.	Prononciation, explication	Exemple anglais, transcription, traduction
à	a très ouvert, tendant vers le è	**bat** *bàt* chauve-souris
a:	comme dans *âne*, mais un peu plus long	**car** *ka:* voiture
æ	entre a et eu ; prononcez "eu", mais en ouvrant davantage la bouche.	**brush** *bræch* brosse
a^{i}	a suivi d'un i atténué, comme dans *ail*	**life** *la*^{i}*f* vie
a^{ou}	comme dans *miaou* (ou final atténué)	**mouse** *ma*^{ou}*ss* souris
e	comme dans *premier*	**movement** *mou:vme'nt* mouvement
è	comme dans *sève*	**wet** *wèt* mouillé
è^{e}	è suivi d'un e atténué (mais bien audible)	**bear** *bè*^{e} ours
è^{i}	è suivi d'un i atténué, proche de *abeille*	**day** *dè*^{i} jour
eu:	comme dans *meule*, mais un peu plus long	**to learn** *te leu:n* apprendre
^{eu}	comme dans *heureux*, mais très atténué	**actor** *àkt*^{eu} acteur ; **waiter** *wè*^{i}*t*^{eu} serveur
i	comme dans *il*, *épi*	**biscuit** *biskit* biscuit
i:	i de *il*, mais on double sa longueur.	**sea** *si:* mer

i^e	i suivi d'un e atténué, comme dans *"ma mie"* dit avec l'accent de Marseille	**beer** bi^e bière
ò	o bien ouvert, comme dans *sol*	**what** *wòt* que, quoi
ò:	o ouvert et long	**wall** *wò:l* mur
œ	o tendant vers le e	**to obey** *te œbè*^{i} obéir
ò^i	o ouvert suivi d'un i atténué	**noise** *no*^{i}*z* bruit
o^{ou}	o suivi d'un ou atténué	**soap** *so*^{ou}*p* savon
ou	comme dans *vous*, *chou*	**full** *foul* plein
ou:	ou de *vous*, *chou*, mais plus long	**shoe** *chou:* chaussure
ou^e	ou suivi d'un e atténué	**poor** *pou*^{e} pauvre
y	comme dans *yoyo*	**you** *you* tu, vous

Sons consonnes

b	comme dans *bébé*	**baby** *bè*^{i}*bi* bébé
ch	comme dans *chaud*	**shop** *chòp* magasin, boutique
d	comme dans *dodu*	**dear** *di*^{e} cher, chère
DH	prononcez le j de *jouer* entre les dents avec la langue.	**this and that** *DHiss ànd DHàt* ceci et cela
dj	comme dans *Djibouti*	**page** *pè*^{i}*dj* page ; **joke** *djo*^{ou}*k* blague
dz	comme dans *tzigane*	**ads** *àdz* annonces (journal)
f	comme dans *farfelu*	**fish** *fich* poisson
g / gu	comme dans *gamin / bague*	**garden** *ga:d'n* jardin **guest** *guèst* invité
gz	comme x dans *exercice*	**exercise** *ègzessa*^{i}*z* exercice
H	toujours "aspiré" ; prononcez le comme si vous vouliez embuer un miroir.	**hot** *Hòt* chaud

j	comme dans *joie*	**pleasure** *plèjeu* plaisir
k	comme dans *képi* ; comme le c de *caviar*	**key** *ki:* clé ; **coin** *kòin* pièce de monnaie
kch	comme pour dire (vite) *"chaque chambre"*	**action** *àkche'n* action
kw	même son que *couette*	**queen** *kwi:n* reine
l	comme dans *livre*	**lady** *lèidi* dame
m	comme dans *maman*	**moon** *mou:n* lune
n	comme dans *nid*	**name** *nèim* nom
'ng	comme dans *ping-pong*	**to sing** *te si'ng* chanter **wrong** *rò'ng* faux
p	comme dans *pile* ; le p anglais s'accompagne souvent d'un léger souffle.	**park** *pa:k* parc
r	c'est le r anglais que chacun connaît.	**road** *ro*ou*d* rue, route, chemin
s	en début de mot, comme dans *sourd* ; ou devant consonne, comme dans *scout*	**salad** *sàlàd* salade **school** *skou:l* école
ss	comme dans *tasse*, même en fin de mot	**house** *Ha*ou*ss* maison
t	comme dans *thé* ; le t anglais s'accompagne souvent d'un léger souffle.	**tea** *ti:* thé
TH	prononcez le s de *serpent* avec la langue entre les dents.	**thick** *THik* épais, épaisse
tch	comme dans *tchèque*	**each** *i:tch* chaque
v	comme dans *vie*	**very** *vèri* très
w	toujours comme dans *watt* ; proche du ou très atténué de *ouate*	**watch** *wòtch* montre
z	comme dans *zèbre*	**zero** *ziro*ou zéro

L'ARTICLE

Contrairement au français, l'article anglais reste invariable en genre et en nombre, ce qui rend son utilisation très simple. Pour tous les noms – masculin, féminin, neutre –, au singulier comme au pluriel, l'article défini est **the** :

the boy	**the girl**	**the children**
DHe bo[i]	*DHe gueu:l*	*DHe tchildrè'n*
le garçon	la fille	les enfants

Si le mot qui suit commence par une voyelle, la prononciation *DHe* devient *DHi:* :

the apple
DHi: àpel
la pomme

Pas de genre non plus pour l'article indéfini ; c'est **a** quand le nom commence par une consonne :

a train
e trèin
un train

et **an** quand il commence par une voyelle :

an opera
e'n òpra
un opéra

Au pluriel, l'article indéfini disparaît. Ainsi, *des pommes* se dira tout simplement **apples** *àpelz*.

LE NOM

Le genre

En anglais, la plupart des noms sont neutres (**a train**, *un train* / **a banana**, *une banane*). Certains sont féminins ou masculins par nature (**a girl**, *une fille* / **a boy**, *un garçon*), et quelques noms ont une forme masculine et féminine, comme par exemple :

actor / actress	*àkt^eu / àktress*	acteur/-trice
waiter / waitress	*wè^it^eu / wè^itress*	serveur/-veuse
prince / princess	*pri'nss / pri'nssèss*	prince/cesse

On peut aussi préciser le genre de certains noms en leur ajoutant **girl** / **boy**, **woman** / **man**, **male** / **female** (qui sont sans aucune connotation péjorative en anglais) :

girlfriend / boyfriend
gueu:lfrè'nd / bo^ifrè'nd
petite amie / petit ami

policewoman / policeman
pœli:sswoume'n / pœli:ssmà'n
agent de police femme / - homme

female student / male student
fi:mè^il styoude'nt / mè^il styoude'nt
étudiante / étudiant

Formation du pluriel

Le pluriel des noms se forme généralement en ajoutant un **-s** au singulier.

friend / friends
frè'nd / frè'ndz
ami / amis

book / books
bouk / boukss
livre / livres

boy / boys
bo^i / bo^iz
garçon / garçons

Les mots qui se terminent en **-s**, **-sh**, **-ch** et **-x** ainsi que certains mots en **-o** forment leur pluriel en **-es** (dont le **e**, exception faite de la combinaison **oes**, se prononce comme un **i** pas tout à fait franc – c'est-à-dire avec la bouche un peu moins étirée – et que nous transcrivons *iz*) :

bus / buses
bæss / bæssiz
autobus / autobus

brush / brushes
bræch / bræchiz
brosse / brosses

watch / watches
wòtch / wòtchiz
montre / montres

potato / potatoes
pœtè^i^to^ou^ / pœtè^i^to^ou^z
pomme / pommes de terre

Les noms se terminant en consonne + **y** forment leur pluriel en **-ies** : **baby** *bè^i^bi* / **babies** *bè^i^bi:z, bébé / bébés*, et ceux qui se terminent en **-lf** ou **-fe** donnent un pluriel en **-ves** : **knife** *na^i^f* / **knives** *na^i^vz, couteau / couteaux* ; **half** *Ha:f* / **halves** *Ha:vz, moitié / moitiés.*

Attention aux exceptions !

child / children
tcha^i^ld / tchildre'n
enfant / enfants

woman / women*
woume'n / wimi'n
femme / femmes

man / men
mà'n / mè'n
homme / hommes

* Dans ce mot, exceptionnellement le **o** se prononce *i* ; notez-le !

Certains mots n'existent qu'au pluriel :

news
nyou:z
information, nouvelles

trousers
tra^ou^zeu:z
pantalon

Les pronoms personnels sujets

I	*a^i^*	je
you	*you:*	tu/vous
he/she/it	*Hi: / chi: / it*	il/elle (m./f./neutre)
we	*wi:*	nous

you	*you:*	vous
they	*DHè^i^*	ils/elles (m./f./neutre)

It (que l'on traduit, selon le contexte, par *il, elle, cela, ça…*) est surtout utilisé en référence à des inanimés (objets, notions…). On l'emploie aussi pour parler des animaux, sauf parfois pour les animaux de compagnie, pour lesquels on peut choisir d'utiliser **he** ou **she**.

Les pronoms ne posent aucune difficulté particulière et se comportent comme en français :

> **I am in London.**
> *a^i^ à'm i'n læ'nde'n*
> je suis dans Londres
> Je suis à Londres.

En anglais, pas d'hésitation possible entre le "tu" et le "vous", puisqu'il n'existe qu'une seule forme : **you**, pour le singulier et le pluriel, le tutoiement et le vouvoiement.

I AM IN LONDON.
(Je suis à Londres.)

Notez que **you** peut aussi s'employer pour "on" dans le sens impersonnel : "quand on est poli, on se tait".

Les pronoms personnels compléments

me	*mi* ou *mi:*	me / moi
you	*you:*	te / toi
him / her / it	*Him / Heu: / it*	le / la / lui / elle (m./f./neutre)
us	*æss*	nous
you	*you:*	vous
them	*DHèm*	les / leur / eux (m./f./neutre)

En anglais, les pronoms personnels compléments se placent toujours derrière le verbe, jamais devant :

Give them the keys.
guiv DHèm DHe ki:z
Donne-leur les clés.

He sees her.
Hi: si:z Heu:
Il la voit.

Les pronoms possessifs

mine	*ma^{i}n*	le mien / la mienne / les miens / les miennes / à moi
yours	*yò:z*	le tien / la tienne / les tiens / les tiennes / à toi le vôtre / la vôtre / les vôtres / à vous
his	*Hiz*	le sien / la sienne / les siens / les siennes / à lui
hers	*Heu:z*	le sien / la sienne / les siens / les siennes / à elle
ours	*a^{ou}e'z*	le nôtre / la nôtre / les nôtres / à nous
theirs	*DHè^{e}z*	le leur / la leur / les leurs / à eux / à elles

This bag is mine; where is yours?
DHiss bàg iz ma^{i}n wè^{e} iz yò:z
ce sac est à-moi où est le-tien
Ce sac est à moi ; où est le tien ?

Les adjectifs possessifs

my	*ma^{i}*	ma / mon / mes
your	*yò:*	ton / ta / tes / votre / vos
his / her / its	*Hiz / Heu: / itss*	son / sa / ses
our	*a^{ou}e*	notre / nos
your	*yò:*	ton / ta / tes / votre / vos
their	*DHè^{e}*	leur / leurs

Les pronoms démonstratifs

• Singulier

this	*DHiss*	ce, cette, ceci, celui-ci, celle-ci
that	*DHàt*	ça, cette, cela, celui-là, celle-là

• Pluriel

these	*DHi:z*	ces, ceux-ci, celles-ci
those	*DHo^{ou}z*	ces, ceux-là, celles-là

L'ordre des mots dans la phrase

Dans beaucoup de cas, la phrase anglaise se présente comme la phrase française :

Sujet (qui ou quoi)	Verbe	Complément d'objet (qui ou quoi)
Alex *àlèkss* Alex	**books** *boukss* réserve	**a trip.** *e trip* un voyage.

Dans la proposition affirmative, le sujet et le verbe se suivent toujours. Cet ordre sera donc conservé, même si d'autres éléments interviennent :

Sujet	Verbe	Circonstanciel (de lieu)	Circonstanciel (de temps)
The plane	**leaves**	**for Edinburgh**	**at nine o'clock.**
DHe plèin	*li:vz*	*fò: èdi'nbre*	*àt naín eklòk*
L'avion	part	pour Édimbourg	à neuf heures.

Cet ordre reste également inchangé dans les phrases plus complexes qui combinent propositions principales et subordonnées :

Sujet	Verbe	Objet	Conjonction	Sujet	Verbe
I	**am eating**	**a pizza**	**because**	**I**	**am hungry.**
ai	*à'm i:ting*	*e pidzà*	*bikòz*	*ai*	*à'm Hæ'ngri*
Je	mange	une pizza	parce que	j'	ai faim.

Dans les phrases interrogatives, l'auxiliaire (**to do**, **to be**, etc.) précède le sujet qui, à son tour, précède le verbe exprimant l'action. S'il y a un complément, celui-ci suit le verbe :

Does Ann like chocolate ?
dæz à'n laik tchòkle't
[aux. **do** 3e pers. sing.] Ann aime chocolat
Est-ce que Ann aime le chocolat ?

VERBES ET TEMPS

Impossible de faire un tour d'horizon complet de la conjugaison anglaise ici. Nous vous présenterons donc seulement les temps qui vous seront les plus utiles pour la conversation courante.

La forme progressive

Avant de passer aux différents temps de la conjugaison, notez que l'anglais connaît deux formes de conjugaisons – la forme simple et la forme progressive. La forme progressive, qui se forme avec l'auxiliaire **to be**, *être*, + verbe en **-ing**, décrit toujours une action en train de se dérouler (au présent, au futur ou au passé). En français, elle peut se traduire par *"être en train de* + verbe" ou, ce qui est le plus fréquent, par le présent simple. En anglais, la forme progressive est très largement utilisée dans la conversation.

Quelques exemples :

- **Présent progressif**

  I am travelling.
  a[i] à'm tràveli'ng
  je suis en-train-de-voyager
  Je suis en train de voyager. /
  Je voyage (sous-entendu en ce moment).

Le présent progressif s'emploie très souvent pour parler du futur proche. En français, il se traduit alors par un présent :

  I am seeing John tomorrow.
  a[i] à'm si:-i'ng djò'n temòrò[ou]
  je suis en-train-de-voir John demain
  Je vois John demain.

- **Futur progressif**

La forme progressive du futur s'emploie pour parler d'une action qui sera en train de se dérouler dans le futur :

  I will be leaving at five o'clock.
  a[i] wil bi: li:vi'ng àt fa[i]v eklòk
  je [aux. du futur **will**] être en-train-de-partir à cinq heures
  À cinq heures, je serai en train de partir.

I AM TRAVELLING.

(Je voyage.)

• Passé (prétérit) progressif

La forme progressive du passé décrit une action qui était en train de se dérouler à un moment donné du passé. En français, on la traduit souvent par l'imparfait :

She was watching TV when I arrived.
chi: wòz wòtchi'ng ti:vi: wè'n a[i] era[i]vd
elle était en-train-de-regarder télé quand je arrivai
Elle était en train de regarder / Elle regardait la télé quand je suis arrivé/e.

Le présent

• Forme simple

Sa formation est très facile, en anglais : seule la troisième personne du singulier diffère des autres. Il suffit d'ajouter un **-s** à la forme infinitive du verbe.

I eat	*a[i] i:t*	je mange
you eat	*you: i:t*	tu manges
he/she eats	*Hi: / chi: i:tss*	il/elle mange

we eat	*wi: i:t*	nous mangeons
you eat	*you: i:t*	vous mangez
they eat	*DHèi i:t*	ils/elles mangent

Après **-s**, **-sh**, **-ch**, **-x**, ou encore derrière un verbe se terminant par une consonne ou un **y**, on ajoute **-es** à la 3e personne :

to miss (manquer)	**he misses**	*Hi: missiz*	il manque
to rush (se précipiter)	**he rushes**	*Hi: ræchiz*	il se précipite
to watch (regarder)	**she watches**	*chi: wòtchiz*	elle regarde
to mix (mélanger)	**she mixes**	*chi: miksiz*	elle mélange
to fly (voler avec avec des ailes)	**it flies**	*it flaiz*	cela vole

Notez aussi **he/she/it goes** *Hi:/chi:/it goouz, il/elle/cela va*, et **he/she/it does** *Hi:/chi:/it dæz, il/elle/cela fait.*

• Les auxiliaires to be, *être*, et to have, *avoir.*

La plupart des verbes se conjuguent selon ce modèle très simple où seule la 3e personne du singulier diffère des autres. Toutefois, les auxiliaires *être* (**to be**) et *avoir* (**to have**) font exception. En voici la conjugaison au présent :

to be *te bi:, être*		
I am	*ai àm*	je suis
you are	*you: a:*	tu es
he/she is	*Hi: / chi: iz*	il/elle est
we are	*wi: a:*	nous sommes
you are	*you: a:*	vous êtes
they are	*DHèi a:*	ils/elles sont

to have *te Hàv, avoir*		
I have	*ai Hàv*	j'ai
you have	*you: Hàv*	tu as
he/she has	*Hi: / chi: Hàz*	il/elle a
we have	*wi: Hàv*	nous avons
you have	*you: Hàv*	vous avez
they have	*DHèi Hàv*	ils/elles ont

• *Faire* : to make et to do.

L'anglais possède deux verbes "faire". En gros, **to make** s'emploie pour exprimer l'idée de création, de construction :

She makes a cake.
chi: mè^ikss e kè^ik
Elle fait un gâteau.

We make a plan.
wi: mè^ik e plà'n
Nous faisons un plan.

I make a sandcastle.
a^i mè^ik e sà'nd-ka:ssel
Je construis un château de sable.

Dans les autres cas, "faire" se traduit par **to do** :

What can I do?
wòt kà'n a^i dou:
Que puis-je faire ?

Mais **do** nous intéresse aussi parce qu'il est employé pour former l'interrogation et la négation, au présent et au prétérit.

Le voici conjugué au présent :

I do	*a^i dou:*	je fais
you do	*you: dou:*	tu fais
he/she/it does	*Hi: / chi: / it dæz*	il/elle fait
we do	*wi: dou:*	nous faisons
you do	*you: dou:*	vous faites
they do	*DHè^i dou:*	ils/elles font

• Forme progressive

Comme nous l'avons déjà évoqué au début de la rubrique ***Verbes et temps***, la forme progressive indique qu'une action est en train de se faire. En anglais, elle se construit à l'aide de l'auxiliaire **to be**, *être* suivi du radical du verbe qui exprime l'action et qui prend la terminaison **-ing** :

Un exemple tout simple avec **to go** *te go^ou^, aller.*

I am going	*a^i^ à'm go^ou^i'ng* suis en train d'aller	je vais
you are going	*you: a: go^ou^i'ng* es en train d'aller	tu vas
he/she/it is going	*Hi: / chi: iz go^ou^i'ng* est en train d'aller	il/elle va
we are going	*wi: a: go^ou^i'ng* sommes en train d'aller	nous allons
you are going	*you: a: go^ou^i'ng* êtes en train d'aller	vous allez
they are going	*DHè^i^ a: go^ou^i'ng* sont en train d'aller	ils/elles vont

La plupart des verbes anglais se construisent sur le même modèle : infinitif + **-ing**.

they are sleeping
DHè^i^ a: sli:pi'ng
ils dorment (ils sont en train de dormir)

I am walking
a^i^ àm wò:ki'ng
je marche (je suis en train de marcher)

Le passé

Pour parler du passé, l'anglais utilise essentiellement le prétérit (simple et progressif) et le *present perfect.*

• Le prétérit

Le prétérit correspond le plus souvent à notre passé composé, mais il peut aussi, selon le contexte, se traduire par un imparfait, ou par un passé simple. Il s'emploie pour parler d'actions ou de faits complètement terminés et sans rapport avec le présent.

Pour les verbes réguliers et à la forme affirmative, le prétérit se forme toujours en ajoutant au radical du verbe la terminaison **-ed** :

I visited Scotland last year.
a[i] vizitid skòtle'nd la:st yi[eu]
je visitai Écosse dernier an
L'année dernière, j'ai visité l'Écosse.

Nous verrons plus loin ce que donnent les verbes irréguliers ainsi que les conjugaisons aux formes interrogative et négative.

• Forme simple

I rented	*a[i] rè'ntid*	j'ai loué
you rented	*you: rè'ntid*	tu as loué
he/she rented	*Hi: / chi: rè'ntid*	il/elle a loué
we rented	*wi: rè'ntid*	nous avons loué
you rented	*you: rè'ntid*	vous avez loué
they rented	*DHè[i] rè'ntid*	ils/elles ont loué

I VISITED SCOTLAND LAST YEAR.
(L'année dernière, j'ai visité l'Écosse.)

Pour le verbe **to be**, *être* :

I was	*a[i] wòz*	j'étais
you were	*you: weu:*	tu étais
he/she was	*Hi: / chi: wòz*	il/elle était
we were	*wi: weu:*	nous étions
you were	*you: weu:*	vous étiez
they were	*DHè[i] weu:*	ils/elles étaient

Pour le verbe **to have**, *avoir* :

I had	*a[i] Hàd*	j'avais
you had	*you: Hàd*	tu avais
he/she/it had	*Hi: / chi: / it Hàd*	il/elle avait, etc.

had reste inchangé à toutes les personnes.

Pour **to do**, *faire* :

I did	*a[i] did*	je faisais
you did	*you: did*	tu faisais
he/she did	*Hi: / chi: / it did*	il/elle faisait, etc.

did reste inchangé à toutes les personnes.

• Forme progressive

Elle s'emploie pour indiquer qu'une action était en train de se produire à un moment du passé et se traduit généralement par l'imparfait :

What were you doing when I called you? – I was eating.
wòt weu: you: dou:i'ng wè'n a[i] kò:ld you: – a[i] wò:z i:ti'ng
quoi étais tu / étiez vous en-train-de-faire quand je appelai toi / vous – je étais en-train-de-manger
Que faisais-tu quand (au moment où) je t'ai appelé ?
– Je mangeais (j'étais en train de manger).

Le prétérit progressif se forme comme le présent progressif, mais avec **to be** au passé :

to eat, *manger*, au prétérit progressif		
I was eating	*a^i wòz i:ti'ng*	je mangeais (j'étais en train de manger)
you were eating	*you: weu: i:ti'ng*	tu mangeais (tu étais en train de manger)
he/she was eating	*Hi: / chi: wòz i:ti'ng*	il/elle mangeait (il/elle était en train de manger)
we were eating	*wi: weu: i:ti'ng*	nous mangions (nous étions en train de manger)
you were eating	*you: weu: i:ti'ng*	vous mangiez (vous étiez en train de manger)
they were eating	*DHè^i weu: i:ti'ng*	ils/elles mangeaient (ils/elles étaient en train de manger)

• Le "present perfect" simple

Il se forme avec **have** + participe passé (terminaison **-ed** pour les verbes réguliers), ce qui le fait ressembler à notre passé composé. Mais il s'emploie généralement lorsqu'il existe une relation entre un fait passé et la situation actuelle :

It has rained all morning.
it Hàz rè^in'd ò:l mo:ni'ng
Il a plu toute la matinée (et il pleut peut-être encore).

to live, *vivre*, au present perfect		
I have lived	*a^i Hàv livd*	j'ai vécu
you have lived	*you: Hàv livd*	tu as vécu
he/she has lived	*Hi: / chi: Hàz livd*	il/elle a vécu
we have lived	*wi: Hàv livd*	nous avons vécu
you have lived	*you: Hàv livd*	vous avez vécu
they have lived	*DHè^i Hàv livd*	ils/elles ont vécu

Deux conjonctions s'emploient souvent avec le *present perfect* : **since** et **for**. Toutes les deux signifient "depuis", mais

since indique un point de départ, alors que **for** s'emploie pour indiquer une durée. La traduction française donne alors souvent un présent :

I have lived in Scotland for ten years.
a[i] Hàv livd i'n skòtle'nd fò: tè'n yi[eu]z
je ai vécu dans Écosse pour dix ans
Je vis en Écosse depuis dix ans
(*sous-entendu* j'y vis encore actuellement).

She has known John since 1992.
chi: Hàz no[ou]n djò'n si'nss na[i]n-ti:n -na[i]nti tou:
elle a connu John depuis 1992
Elle connaît John depuis 1992.

I have been in London for two weeks.
a[i] Hàv bi:n i'n læ'nde'n fò: tou: wi:kss
je ai été dans Londres pour deux semaines
Je suis à Londres depuis deux semaines.

Le futur

Pour exprimer le futur en anglais, différentes possibilités s'offrent à vous.

• Futur simple

Il correspond au futur simple français et se construit avec **will** + l'infinitif sans **to** :

I will go	*a[i] wil / go[ou]*	j'irai
you will go	*you: wil go[ou]*	tu iras
he/she will go	*Hi: / chi: wil go[ou]*	il/elle ira
we will go	*wi: wil go[ou]*	nous irons
you will go	*you: wil go[ou]*	vous irez
they will go	*DHè[i] wil go[ou]*	ils/elles iront

• Forme progressive

Elle s'emploie surtout pour parler d'une action qui sera en train de se dérouler à un moment du futur et se forme avec **will be** + verbe en **-ing**. En français, cette forme se traduit généralement par un futur simple :

I will be having breakfast at nine o'clock tomorrow morning.
a[i] wil bi: Hàvi'ng brèkfest àt na[i]n eklòk temòro[ou] mò:ni'ng
je vais être en-train-de-prendre petit-déjeuner à neuf heures demain matin
Demain matin à neuf heures, je prendrai / serai en train de prendre mon petit-déjeuner.

Exemple de conjugaison : **to take**, *prendre*, au futur progressif

I will be taking	*a[i] wil bi: tè[i]ki'ng*	je prendrai (je serai en train de prendre)
you will be taking	*you: wil bi: tè[i]ki'ng*	tu prendras (tu seras en train de prendre)
he/she will be taking	*Hi:/ chi: wil bi: tè[i]ki'ng*	il/elle prendra (il/elle sera en train de prendre)
we will be taking	*wi: wil bi: tè[i]ki'ng*	nous prendrons (nous serons en train de prendre)
you will be taking	*you: wil bi: tè[i]ki'ng*	vous prendrez (vous serez en train de prendre)
they will be taking	*DHè[i] wil bi: tè[i]ki'ng*	ils/elles prendront (ils/elles seront en train de prendre)

• Futur proche

Pour indiquer un futur proche, l'anglais emploie souvent le présent progressif.

We are going to the cinema this evening.
wi: a: go^ou i'ng te DHe sinema DHiss i:vni'ng
nous sommes en-train-d'aller à le cinéma ce soir
Nous allons/irons au cinéma ce soir.

Pour parler d'emplois du temps réguliers ou d'horaires, l'anglais se sert aussi du présent :

The train leaves at six thirty.
DHe trè^in li:vz àt sikss THeu:ti
le train part à six trente
Le train part à six heures trente.

NÉGATION ET INTERROGATION

La négation simple

Contrairement au français (ne… pas), l'anglais n'a besoin que d'un seul mot négatif dans la phrase :

Catherine never goes to the theatre.
kàTHre'n nèv^eu go^ou z te DHe THi:èt^eu
Catherine jamais va à le théâtre
Catherine ne va jamais au théâtre.

Nobody likes me.
no^ou bòdi la^ikss mi:
personne aime moi
Personne ne m'aime.

Négation et interrogation avec auxiliaire

Pour la négation, si la phrase comporte un auxiliaire, on fait suivre ce dernier (**be**, **have**, **can**, **must,** etc.) de **not**, puis on ajoute le verbe qui porte l'action :

I am not working today.
a^{i} à'm nòt weu:ki'ng tedè^{i}
je suis pas en-train-de-travailler aujourd'hui
Je ne travaille pas aujourd'hui.

We have not seen Susie since Friday.
wi: Hàv nòt si:n sou:zi si'nss fra^{i}dè^{i}
nous avons pas vu Susie depuis vendredi
Nous n'avons pas vu Susie depuis vendredi.

Pour l'interrogation, on commence par l'auxiliaire conjugué, on le fait suivre du sujet puis du verbe porteur de l'action :

Am I working today?
à'm a^{i} weu:ki'ng toudè^{i}
suis je en-train-de-travailler aujourd'hui
Est-ce que je travaille aujourd'hui ?

Have you seen Nick?
Hàv you: si:n nik
as tu / avez vous vu Nick
As-tu vu / Avez-vous vu Nick ?

AM I WORKING TODAY?
(Est-ce que je travaille aujourd'hui ?)

Négation et interrogation avec do

En l'absence d'auxiliaire, la négation et l'interrogation se forment toutes deux avec **do** au présent, **did** au prétérit (sauf pour **to be** et les verbes modaux).

Pour former la négation, on conjugue **to do**, on le fait suivre de la négation **not** puis de l'infinitif sans **to** du verbe qui indique l'action :

I do not like tea.	*a' dou: nòt la'k ti:*	Je n'aime pas le thé.
You do not like tea.	*you: dou: nòt la'k ti:*	Tu n'aimes pas / Vous n'aimez pas le thé.
He/She/It does not like tea.	*Hi: / chi: / it dæz nò't la'k ti*	Il/Elle n'aime pas le thé, etc.

I did not eat.	*a' did nòt i:t*	Je n'ai pas mangé.
You did not eat.	*you did nòt i:t*	Tu n'as pas mangé / Vous n'avez pas mangé.
He/She/It did not eat.	*Hi: / chi: / it did nòt i:t*	Il/Elle n'a pas mangé.

L'interrogation se construit avec la forme conjuguée de **to do** suivie du sujet de la question puis du verbe à l'infinitif sans **to** :

Do you like tea?	*dou: you: la'k ti:*	Aimes-tu le thé ?
Does he like tea?	*dæz Hi: la'k ti:*	Aime-t-il le thé ? etc.

Did she eat?	*did chi: i:t*	A-t-elle mangé ?
Did they eat?	*did DHè' i:t*	Ont-ils/elles mangé ? etc.

Auxiliaires de mode

Nous n'entrerons pas ici dans les détails des verbes modaux anglais, qui ne présentent d'ailleurs pas de difficulté particulière. Voyons simplement les principales caractéristiques de ces verbes et observons les exemples.

• **Can** *kà'n, pouvoir,* s'emploie pour exprimer la possibilité, la capacité (savoir / pouvoir faire quelque chose), ou pour demander, accorder, refuser une permission.

Can you swim?
kà'n you: swi'm
Sais-tu nager ?

Yes, I can.
yèss a^{i} *kà'n*
Oui (je sais).

I can do that easily!
a^{i} *kà'n dou: DHàt i:zili*
Je peux faire ça facilement !

You can go now.
you: kà'n gò^{ou} *na*^{ou}
Tu peux partir, maintenant.

• **Could** *koud, pouvoir,* permet essentiellement d'exprimer une demande polie ; il s'emploie aussi pour parler de la permission au passé.

Could you pass me the bread, please?
koud you: pàss mi: DHe brèd pli:z
pourriez vous passer moi le pain s'il-vous-plaît
Pourriez-vous me passer le pain, s'il vous plaît ?

When I was a child, I could stay up until nine thirty.
wè'n a^{i} *wòz e tcha*^{i}*ld a*^{i} *koud stè*^{i} *æp æ'ntil na*^{i}*n THeu:ti*
quand je étais un enfant je pouvais rester debout jusque neuf trente
Quand j'étais enfant, j'avais le droit de rester debout jusqu'à neuf heures et demie.

• **May** *mè*, *pouvoir*, s'emploie pour demander ou accorder une permission de manière plus formelle, ou pour exprimer une possibilité.

May I smoke?	**No, you may not.**
mè^{i} a^{i} smo^{ou}k	*no^{ou} you: mè^{i} nòt*
Puis-je fumer ?	Non (vous ne pouvez pas, *sous-entendu* vous n'avez pas l'autorisation).

It may snow tomorrow.
it mè^{i} sno^{ou} temòro^{ou}
Il se peut qu'il neige demain / Il neigera peut-être demain.

• **Might** *ma^{i}t* , *il se pourrait que… / pouvoir* au conditionnel.

Ruth might come next week.
rou:TH ma^{i}t kò'm nèxt wi:k
Il se pourrait que Ruth vienne, la semaine prochaine. (Probabilité moindre qu'avec **may**.)

• **Must** *mæst, devoir,* exprime l'obligation ou une déduction.

You must go now.
you mæst go^{ou} na^{ou}
Tu dois y aller / partir maintenant.

He can't stop smiling. He must be in love.
Hi: kà'nt stòp sma^{i}ling Hi: mæst bi: i'n læv
il ne-peut arrêter être-en-train-de-sourire il doit être dans amour
Il n'arrête pas de sourire. Il doit être amoureux.

• **Shall** *chàl* – sans traduction propre – s'emploie dans les questions, pour faire une suggestion, une proposition ou pour demander un conseil.

Shall we go?
chàl wi: go^{ou}
On y va ?

What do you think, shall we talk to him?
wòt dou: you: THi'nk chàl wi: tò:k te Hi'm
que [**do** = marque de question] tu penses [**shall** = demande de conseil] nous parlons à lui
Qu'en penses-tu, faut-il (ou non) que nous lui parlions ?

• **Should** *choud, devoir,* s'utilise pour exprimer la notion de devoir ou une déduction. Moins fort que **must**, il exprime une recommandation plus qu'une obligation.

HE CAN'T STOP SMILING. HE MUST BE IN LOVE.
(Il n'arrête pas de sourire. Il doit être amoureux.)

You should see that film.
you: choud si: DHàt film
Tu devrais / Vous devriez (aller) voir ce film.

Andrew should be home now.
à'ndrou^{ou} choud bi: Ho^{ou}m na^{ou}
Andrew devrait être chez lui maintenant.

• **Will** permet d'exprimer le futur (voir la rubrique ***Le futur***).

- **Would** permet d'exprimer le conditionnel.

  She said she would go shopping.
  chi: sèd chi: woud go^ou chòpi'ng
  elle a-dit elle [**would** = marque de conditionnel] aller faire-des-courses
  Elle a dit qu'elle irait faire des courses.

Attention ! Les verbes modaux ne prennent pas de **s** à la 3e personne du singulier, ils s'emploient sans **to**, sans **do** pour les questions et ils n'ont ni infinitif ni participe passé propres.

Les contractions

Dans la langue de tous les jours, l'anglais emploie constamment un grand nombre de contractions. Tout au long de nos rubriques de grammaire, nous avons rencontré la plupart des formes longues. Voici la liste des contractions les plus courantes :

- **to be**, *être* :

I'm *a^im*, **you're** *yò:r*, **he's** *Hi:z* / **she's** *chi:z* / **it's** *itss*, **we're** *wi:r*, **they're** *DHè^e* ou encore **where's** *wèrz* (où est ?)…

- **to have**, *avoir* :

I've *a^iv*, **you've** *you:v*, **he's** *Hi:z*, **she's** *chi:z*, **it's** *itss*, **we've** *wi:v*, **you've** *you:v*, **they've** *DHè^iv*…

- **will** [futur] :

I'll *a^il*, **you'll** *you:l*, **he'll** *Hi:l*, **she'll** *chi:l*, **it'll** *it'l*, **we'll** *wi:l*, **you'll** *you:l*, **they'll** *DHè^il*…

La forme négative des verbes se contracte également – on remplace le **o** de **not** par une apostrophe :
isn't *iz'nt* pour **is not**, **aren't** *a:'nt* pour **are not**, **wasn't** *wòz'nt* pour **was not**, **don't** *do^ou nt* pour **do not**, **doesn't** *dæz'nt* pour **does not**, **didn't** *did'nt* pour **did not**, **can't** *kà:'nt* pour **cannot**, **won't** *wò:nt* pour **will not**…

L'ADJECTIF

Il est invariable, au singulier comme au pluriel, au masculin comme au féminin. L'adjectif épithète (qui n'est pas relié au nom par un verbe) se place toujours devant le nom :

a nice book
e na'ss bouk
un beau livre

nice books
na'ss boukss
de beaux livres

the red car
DHe rèd ka:
la voiture rouge

red cars
rèd ka:z
des voitures rouges

S'il est attribut (relié au sujet ou au complément par le verbe "être" ou "sembler", "paraître", "devenir"), il se place derrière le verbe :

Charles is intelligent.
tcha:lz iz i'ntèlidje'nt
Charles est intelligent.

Comparatif et superlatif

En anglais, il y a deux façons de les former. Les adjectifs d'une syllabe et ceux de deux syllabes terminés en **-y** prennent la terminaison **-er** pour le comparatif et **-est** pour le superlatif (les adjectifs étant invariables en anglais, leur forme est la même, quel que soit le genre du nom auquel ils se rapportent et quel que soit le nombre) :

Adjectif	Comparatif "plus … (que)" = **…-er (than)**	Superlatif "le plus…" = **the …-est**
cold *ko^ou^ld* froid	**colder** *ko^ou^ld^eu^* plus froid/e	**the coldest** *DHe ko^ou^ldest* le plus froid/la plus froide…

funny	**funnier**	**the funniest**
fæni	*fænieu*	*DHe fæniest*
drôle	plus drôle	le/la plus drôle

Les adjectifs se terminant par une seule consonne précédée d'une seule voyelle doublent la consonne finale :

big	**bigger**	**the biggest**
big	*bigueu*	*DHe biguest*
grand/e	plus grand/e	le plus grand/la plus grande …

Today is colder than yesterday.
tedèi iz koldeu DHàn yesteudèi
aujourd'hui est plus-froid qu'hier
Il fait plus froid aujourd'hui qu'hier.

This museum is the biggest in England.
DHiss myouzieum iz DHe biguest i'n i'nglà'nd
ce musée est le plus-grand dans Angleterre
Ce musée est le plus grand d'Angleterre.

Pour les autres adjectifs de deux syllabes et tous les adjectifs plus longs, le comparatif se forme avec **more… than**, et le superlatif avec **most** :

Adjectif	Comparatif "plus… que" = **more… than**	Superlatif "le plus…" = **(the) most…**
expensive	**more expensive**	**the most expensive**
ikspè'nssiv	*mò:r ikspè'nssiv*	*DHe moôust ikspè'nssiv*
cher	plus cher	le plus cher/la plus chère

This hotel is more expensive than that youth hostel.
DHiss Hooutèl iz mò:r ikspè'nssiv DHà'n DHàt youTH hòst'l
Cet hôtel est plus cher que cette auberge de jeunesse.

Attention, il y a quelques irréguliers ! Notez pour le moment ceux-ci :

good *goud* bon / bonne	**better** *bèteu* mieux, meilleur/e	**the best** *DHe bèst* le mieux, le meilleur, la meilleure
bad *bàd* mauvais/e	**worse** *weu:ss* pire	**the worst** *DHe weu:st* le pire / la pire
much / many *mætch* beaucoup (de)	**more** *mò:r* plus (que / de)	**the most** *DHe moou st* le/la/les plus
little *lit'l* peu (de)	**less** *lèss* moins (que / de)	**the least** *DHe li:st* le/la/les moins

The train takes less time than the bus.
DHe trèin tèikss lèss taim DHà'n DHe bæss
le train prend moins temps que le bus
Le train prend moins de temps que le bus.

This is the best theatre in London.
DHiss iz DHe bèst THi:èteu i'n læ'nde'n
ceci est le meilleur theâtre dans Londres
Ce théâtre est le meilleur de Londres.

Aussi… que / Pas aussi… que

as big as…
àz big àz
aussi grand/e que…

not as big as …
nòt àz big àz
pas aussi grand/e que…

as comfortable as…
àz kæ'mfetebel àz
aussi confortable que…

not as comfortable as…
nòt àz kæ'mfetebel àz
pas aussi confortable que…

Blackpool beach is not as nice as Brighton beach.
blàkpou:l bi:tch iz nòt àz na[i]ss àz bra[i]te'n bi:tch
Blackpool plage est pas aussi jolie que Brighton plage
La plage de Blackpool n'est pas aussi jolie que la plage de Brighton.

L'ADVERBE

La plupart des adverbes se forment à partir de l'adjectif, auquel on ajoute la terminaison **-ly** (qui équivaut au *-ment* français) :

slow	→	**slowly**	**careful**	→	**carefully**
slo[ou]		*slo[ou]li*	*kè[e]fel*		*kè[e]feli*
lent		lentement	prudent / attentif		prudemment / attentivement

He is a careful driver. → **He drives carefully.**
Hi: iz e kè[e]fel dra[i]v[eu] — *Hi: dra[i]vz kè[e]feli*
il est un prudent conducteur — il conduit prudemment
C'est un conducteur prudent. — Il conduit prudemment.

Quelques adverbes à connaître :

also	*ò:lso[ou]*	aussi
always	*ò:lwe[i]z*	toujours
hardly	*Ha:dli*	à peine
nearly	*ni:[e]li*	presque
never	*nèv[eu]*	jamais
often	*òfe'n* ou *òfte'n*	souvent
only	*ò[ou]nli*	seulement
really	*ri:[e]li*	vraiment
seldom	*sèlde'm*	rarement
sometimes	*sæ'mta[i]mz*	parfois
soon	*sou:n*	bientôt
still	*stil*	encore, toujours
usually	*youjou[e]li*	généralement

I often go to Wales.
a^{i} òf(t)e'n go^{ou} te wè^{i}lz
je souvent vais au Pays-de-Galles
Je vais souvent au Pays de Galles.

The train will arrive soon.
DHe trè^{i}n wil e<u>ra</u>^{i}<u>v</u> sou:n
le train va arriver bientôt
Le train va bientôt arriver.

LE CAS POSSESSIF

Pour indiquer la possession dans un énoncé comme "la voiture de Steve", on ajoute le suffixe **-'s** (ou **-s'** pour les pluriels réguliers) au nom du possesseur :

Steve's car is blue.
sti:vz ka: iz blou:
Steve-de voiture est bleue
La voiture de Steve est bleue.

My parents' dog is big.
ma^{i} <u>pà</u>re'ntss dòg iz big
mes parents-de chien est grand
Le chien de mes parents est grand.

MY PARENTS' DOG IS BIG.
(Le chien de mes parents est grand.)

LES CONJONCTIONS

Elles sont très importantes, car une fois les premières notions d'anglais acquises, elles vont vous permettre de construire des phrases plus longues et plus riches en informations.

Voici les plus importantes :

because	*bikòz*	parce que (jamais au début d'une phrase)
but	*bæt*	mais
if	*if*	si
and	*à'nd*	et
although	*ò:lDHo^ou*	bien que
therefore	*DHè^efò:*	donc, c'est pourquoi
that	*DHàt*	que / qui

Exemples :

I eat fish because I don't like meat.
a^i i:t fich bikòz a^i do^ount la^ik mi:t
je mange poisson parce-que je [aux. **do** + nég.] pas aime viande
Je mange du poisson parce que je n'aime pas la viande.

He is really polite, but he is so boring!
Hi: iz ri:^eli pela^it bæt Hi: iz so^ou bòri'ng
il est vraiment poli mais il est si ennuyeux
Il est vraiment poli, mais si ennuyeux !

I will play tennis tomorrow if it doesn't rain.
a^i wil plè^i tèniss temòro^ou if it dæz'nt rè^in
je [aux. futur **will**] jouer tennis demain si cela [aux. **do** + nég.] pas pleut
Je jouerai au tennis demain s'il ne pleut pas.

I think therefore I am.
a^i Thi'nk DHè^efò: a^i à'm
Je pense, donc je suis.

You are the only person that can help me.
you: a: DHi: ò^ounli peu:se'n DHàt kà'n Hèlp mi:
Vous êtes la seule personne qui puisse m'aider.

Ainsi s'achève notre petit tour d'horizon des premières bases de la grammaire anglaise !

Les clichés sur les Britanniques sont en partie vrais. Oui, ils boivent beaucoup de thé et de bière, oui ils se considèrent comme sujets de la Reine et de plus, en règle générale, la monarchie est très respectée. Oui, les Britanniques sont parfois excentriques – ils sont fiers de leur musée de la tondeuse à gazon par exemple, et du concours annuel de "cheese rolling" (fromage roulant), tout ceci est vrai…

Par ailleurs, les Britanniques sont très polis – ils s'excusent pour la moindre erreur et sont très formels quant au respect des queues, à l'arrêt du bus, sur le quai du train, à la caisse des magasins… c'est-à-dire partout ! Le fameux flegme britannique existe, mais cela ne veut pas dire que les Britanniques sont froids. Avec un petit effort et grâce à cet ouvrage, vous découvrirez qu'ils peuvent être très accueillants et commencerez bien vite à comprendre ce sens de l'humour unique qui les caractérise.

LES SALUTATIONS

Le bonjour familier

Hello *Hèlo[ou]* est la façon la plus courante de dire bonjour, en Grande-Bretagne. Chez les jeunes, c'est souvent "**Hi**" *Ha[i]*, *salut*, cette forme est employée dès qu'on connaît un peu son interlocuteur.

Le bonjour plus formel

Il existe plusieurs façons de dire bonjour de manière plus formelle. À la différence des francophones, les Britanniques se saluent différemment le matin, l'après-midi et le soir. En Grande-Bretagne, on ne vous trouvera pas bizarre si vous saluez quelqu'un plusieurs fois dans la journée ; c'est au contraire tout à fait normal !

Good morning!	*goud mò:ni'ng*	Bonjour ! (bonne matinée)
Good afternoon!	*goud àfteunou:n*	Bonjour ! (bon après-midi)
Good evening!	*goud i:vni'ng*	Bonsoir !
Good night!	*goud nait*	Bonne nuit !

Notez que **Good morning** (en tout début de journée) et **Good night** (en fin de soirée) sont des salutations très courantes, que l'on emploie même avec les gens qu'on connaît très bien et que l'on voit tout le temps.

On se serre rarement la main, en Grande-Bretagne, sauf dans le contexte du travail, lors d'une toute première rencontre ou lorsqu'on veut souligner un événement particulier. Par ailleurs, se faire la bise entre adultes est très rare !

Le bonjour protocolaire

How do you do?
Haou dou: you: dou:
Comment allez-vous ?

Cette formule n'est pour ainsi dire plus employée et peut même être considérée comme prétentieuse, sauf si vous êtes invité à dîner avec un membre de la famille royale !

Comment ça va ?

Il existe plusieurs façons de demander "comment ça va ?". La façon la plus courante (et la plus polie) est :

How are you?
Ha^ou a: you:
comment es tu / êtes vous
Comment vas-tu / allez-vous ?

I'm very well thank you!
a^im vèri wèl Thà'nk you:
je suis très bien remercie vous
Je vais très bien merci !

Lorsque vous connaissez un peu mieux les personnes auxquelles vous vous adressez, vous pouvez employer des formules plus familières :

How's it going?
Ha^ou z it go^ou i'ng
Comment ça va ?

Fine, thanks!
fa^in THà'nkss
Bien merci !

How's things?
Ha^ou z THi'ngz
comment est les-choses
Ça roule ?

Great!
grè^it
génial
Génial !

Autres réponses que vous pourriez entendre :

HOW ARE YOU? – TERRIBLE!
(Comment ça va ? – Franchement pas bien !)

I'm okay.	Not too bad.	Not great.	Terrible!
a^{i}m o^{ou}kè^{i}	*nòt tou: bàd*	*nòt grè^{i}t*	*tèrib'l*
Ça va.	Pas trop mal.	Pas génial.	Franchement pas bien !

LES PRÉSENTATIONS

What's your name ?
wòtss yò: nè^{i}m
quel-est ton/votre nom
Comment t'appelles-tu / vous appelez-vous ?

My name is Robert.
ma^{i} nè^{i}m iz ròb^{eu}t
mon nom est Robert
Je m'appelle Robert.

En général, les Britanniques s'appellent très vite par leurs prénoms.

Retenez les formes couramment abrégées, utilisées à l'écrit :

Mr	*mist^{eu}*	monsieur
Mrs	*missiz*	madame
Miss	*miss*	mademoiselle

Pour éviter toute notion de sexisme ou d'indiscrétion, on a vu apparaître récemment un **Ms** *m'z* qui s'applique à toutes les femmes, jeunes ou âgées, mariées ou pas.

Présenter quelqu'un

This is my...	*DHiss i:z ma^{i}*	C'est (voici) mon/ma...
husband	*Hæzbe'nd*	mari
wife	*wa^{i}f*	femme
daughter	*dò:t^{eu}*	fille
son	*sæ'n*	fils
sister	*sist^{eu}*	sœur
brother	*bròDH^{eu}*	frère
boyfriend	*bo^{i}frè'nd*	ami (petit ami)
girlfriend	*gueu:lfrè'nd*	amie (petite amie)
friend	*frè'nd*	ami, amie, copain, copine

Les termes **boyfriend** ou **girlfriend** s'appliquent au garçon ou à la fille avec lequel/laquelle vous avez une relation intime ; sinon c'est **friend**, un ou une *ami/e*.

Si vous voulez présenter quelqu'un en y mettant les formes, dites :

> **May I introduce you to my wife / Mr Smith?**
> *mèi ai i'ntredyou:ss you: te mai waif / misteu smiTH*
> puis je présenter vous à ma femme / M. Smith
> Puis-je vous présenter à ma femme / M. Smith ?

Au moment des présentations, vous direz :

> **I'm pleased to meet you.**
> *aim pli:zd te mi:t you:*
> je-suis heureux de rencontrer vous
> Enchanté/e.

Prendre congé

Il y a bien des façons de se dire au revoir. Voici les plus fréquentes :

Good bye!	*goud bai*	Au revoir !
Good night!	*goud nait*	Bonne nuit !
Bye-bye!	*ba bai*	Salut !
Bye!	*bai*	Salut !
See you later!	*si: you: lèiteu*	À plus tard !
See you soon!	*si: you: sou:n*	À bientôt !

LA POLITESSE

Les Britanniques sont très polis, et vous entendrez **please** et **thank you** à la fin de beaucoup de phrases. De plus, **sorry**, *pardon*, est sans doute un des mots les plus employés, surtout dans les transports en commun !

S'il vous plaît / Merci

S'il vous plaît se traduit par ***please*** en anglais :

Could you pass me the butter please?
koud you: pà:ss mi: DHe bæt^{eu} pli:z
Pourriez-vous me passer le beurre, s'il vous plaît ?

Lorsqu'on vous apporte quelque chose, on vous dit :

Here you are!
Hi^{e} you: a:
ici vous êtes/tu es
Voilà (pour vous/pour toi) !

Quand vous dites **thank you**, *merci,* on vous répond :

You're welcome.
yò: wèlke'm
vous êtes/tu es bienvenu/e
Je vous/t'en prie. / Il n'y a pas de quoi.

Si vous devez vous excuser, dites :

I'm (very) sorry.
a^{i}m vèri sòri
je-suis (très) désolé/e
Je suis (vraiment) désolé/e.

et on vous répondra :

That's all right!
DHàtss ò:l ra^{i}t
cela-est tout droit
Ce n'est rien !

N'oubliez pas non plus l'omniprésent :

No problem!
no^{ou} pròble'm
Pas de problème ! / Ça n'est pas grave !

Si vous n'avez pas compris votre interlocuteur et que vous souhaitez qu'il répète, dites :

Pardon?
pa:de'n
Comment ?

Sorry?
sòri
Excusez-moi ?

Could you repeat that please?
koud you: ripi:t DHàt pli:z
Pourriez-vous répéter, s'il vous plaît ?

Could you speak more slowly please?
koud you: spi:k mò: slo^{ou}li pli:z
Pourriez-vous parler plus lentement, s'il vous plaît ?

Et enfin, toute la gamme des remerciements :

Thank you! / Thanks!
THà'nk you: / THà'nkss
Merci !

Thank you very much!
THà'nk you: vèri mætch
Merci beaucoup !

Thanks a lot!
THà'nkss e lòt
Un grand merci !

FAIRE CONNAISSANCE

Votre charmant accent français va sûrement intriguer vos interlocuteurs, alors voici de quoi raconter un peu de votre parcours :

Where are you from?
wè^{e} a: you: frò'm
où êtes vous de
D'où venez-vous ?

I'm from Belgium. / I am French. / I am Swiss.
a^{i}m frò'm bèldje'm / a^{i} à'm frè'nch / a^{i} à'm swiss
je-suis de Belgique / je suis français/e / je suis suisse
Je viens de Belgique. / Je suis français/e. / Je suis suisse.

How old are you?
Ha^{ou} o:ld a: you:
comment vieux êtes vous
Quel âge avez-vous ?

I'm twenty five (years old).
a^{i}m twè'nti fa^{i}v (yi^{e}z o:ld)
je suis vingt cinq (ans vieux)
J'ai vingt-cinq ans.

What do you do here?
wòt dou: you: dou: Hi:^{e}
quoi [aux. **do**] vous faites ici
Que faites-vous ici ?

I'm on holiday here.
a^{i}m ò'n Hòlidè^{i} Hi:^{e}
je suis sur vacance ici
Je suis en vacances ici.

What do you do for a living?
wòt dou: you: dou: fò: e livi'ng
que [aux. **do**] vous faites pour un vivant
Que faites-vous dans la vie ?

Where do you work?
wè^{e} dou: you: weu:k
Où [aux. **do**] vous travaillez
Où travaillez-vous ?

I'm a/n ...	*a^{i}m e/n*	Je suis ...
artist	*a:tist*	artiste
civil servant	*sivel seu:ve'nt*	fonctionnaire
engineer	*èndjini^{e}*	ingénieur
farmer	*fa:m^{eu}*	agriculteur
nurse	*neu:ss*	infirmier/-ère
salesperson	*sè^{i}lzpeu:sse'n*	commercial/e
secretary	*sèkreteri*	secrétaire
shop assistant	*chòp essiste'nt*	vendeur/-euse
student	*styoude'nt*	étudiant/e
taxi driver	*tàksi dra^{i}v^{eu}*	chauffeur de taxi
teacher	*ti:tch^{eu}*	professeur
writer	*ra^{i}t^{eu}*	écrivain

Notez que les mêmes noms de métiers s'appliquent aux hommes et aux femmes.

I work in ...	*a^i weu:k i'n*	Je travaille dans ...
a bank	*e bà'nk*	une banque
an office	*e'n òfiss*	un bureau

UNE PREMIÈRE CONVERSATION

Dès lors qu'on a acquis quelques bases, on a envie d'aller au-delà des simples questions pratiques, "d'échanger" des impressions avec ses interlocuteurs. Quand la conversation s'engage pour la première fois, on parle souvent de tout et de rien, de ce qu'on fait, de ce qu'on aime faire... Voici un petit échantillon :

Do you like it here?
dou: you: la^ik it Hi:^e
[aux. **do**] vous aimez cela ici
Ça vous plaît ici ?

Yes, it's wonderful.
yèss itss wæ'ndefoul
Oui, c'est merveilleux.

No, it's boring.
no^ou itss bò:ri'ng
Non, c'est ennuyeux.

How long have you been here?
Ha^ou lò'ng Hàv you: bi:n Hi:^e
comment long avez vous été ici
Depuis combien de temps êtes-vous ici ?

We have been here for two weeks.
wi: Hàv bi:n Hi:^e fò: tou: wi:kss
nous avons été ici pour deux semaines
Nous sommes ici depuis deux semaines.

Have you been swimming much?
Hàv you: bi:n swimi'ng mætch
avez vous été en-train-de-nager beaucoup
Avez-vous beaucoup nagé ?

HOW LONG HAVE YOU BEEN HERE?

(Depuis combien de temps êtes-vous ici ?)

No, I can't swim!
no^ou a^i ka:n't swim
non, je ne peux pas nager
Non, je ne sais pas nager !

Pour parler de ce qu'on aime ou pas, voici quelques exemples. À vous de compléter en fonction de vos goûts…

I like / I don't like …
a^i la^ik / a^i do^ount la^ik
J'aime / Je n'aime pas …

I love / I hate …
a^i lòv / a^i Hè^it
J'adore / Je déteste …

playing tennis	*plèyi'ng tèniss*	jouer au tennis
swimming	*swimi'ng*	la natation / nager
walking	*wò:ki'ng*	la marche à pied / marcher
dancing	*dà'nssi'ng*	la danse / danser
sports	*spò:tss*	le sport
tea	*ti:*	le thé
bananas	*benànàz*	les bananes

Et pour exprimer votre opinion ou votre sentiment sur un sujet quelconque :

This is …	*DHiss i:z*	C'est …
interesting	*i'ntresti'ng*	intéressant
weird	*wi[eu]d*	bizarre
strange	*strè[i]ndj*	étrange
fantastic	*fàntàstik*	fantastique
unbelievable	*æ'nbili:veb'l*	incroyable
horrible	*Hòreb'l*	horrible

I absolutely agree/disagree.
a[i] àbselou:tli egri: dissegri:
je absolument suis-d'accord / pas-d'accord
Je suis absolument d'accord/pas d'accord.

In my opinion…
i'n ma[i] æpinye'n
À mon avis…

I think that…
a[i] THi'nk DHàt
Je pense que…

I believe that…
a[i] bili:v DHàt
Je crois que…

Are you sure?
a: you: chou:[e]
Êtes-vous sûr/e ?

I don't believe it!
a[i] do[ou]nt bili:v it
Je ne le crois pas !

TOUT SUR LES NOMBRES

Voici les nombres de zéro à vingt :

0	**zero**	*ziro[ou]*	6	**six**	*sikss*
1	**one**	*wæ'n*	7	**seven**	*sève'n*
2	**two**	*tou:*	8	**eight**	*è[i]t*
3	**three**	*THri:*	9	**nine**	*na[i]n*
4	**four**	*fò:*	10	**ten**	*tè'n*
5	**five**	*fa[i]v*	11	**eleven**	*ilève'n*

12	**twelve**	*twèlv*	17	**seventeen**	*sève'nti:n*
13	**thirteen**	*THeu:-ti:n*	18	**eighteen**	*è^{i}-ti:n*
14	**fourteen**	*fò:-ti:n*	19	**nineteen**	*na^{i}n-ti:n*
15	**fifteen**	*fif-ti:n*	20	**twenty**	*twè'nti*
16	**sixteen**	*sikss-ti:n*			

Au-delà de vingt, le principe est le même qu'en français, c'est-à-dire qu'on ajoute l'unité après la dizaine :

21	**twenty one**	*twè'nti-wæ'n*
22	**twenty two**	*twè'nti-tou:*
30	**thirty**	*THeu:ti*
31	**thirty one**	*THeu:ti-wæ'n*
40	**forty**	*fò:ti*
50	**fifty**	*fifti*
60	**sixty**	*sikssti*
70	**seventy**	*sève'nti*
80	**eighty**	*è^{i}ti*
90	**ninety**	*na^{i}nti*
100	**one hundred**	*wæ'n Hæ'ndred*
500	**five hundred**	*fa^{i}v Hæ'ndred*
1 000	**one thousand**	*wæ'n THa^{ou}ze'nd*
10 000	**ten thousand**	*tè'n THa^{ou}ze'nd*

Les nombres ordinaux

Ils se forment tous en ajoutant **-th** (par exemple **four → fourth**). Attention toutefois aux trois premiers nombres (premier, deuxième, troisième) qui sont une exception, et aussi à **21st** (21e), **22nd** (22e), **23rd** (23e), **31st** (31e), etc.

1st	**first**	*feu:st*
2nd	**second**	*sèke'nd*
3rd	**third**	*THeu:d*
4th	**fourth**	*fò:TH*
5th	**fifth**	*fifTH*

10th	**tenth**	*tè'nTH*
11th	**eleventh**	*ilève'nTH*
12th	**twelfth**	*twèlfTH*
13th	**thirteenth**	*Theu:ti:nTH*
20th	**twentieth**	*twè'nti'eTH*
21st	**twenty first**	*twè'nti feu:st*
22nd	**twenty second**	*twè'nti sèke'nd*

Pour indiquer la répétition (une fois, deux fois, etc.), on utilise le mot **times** *ta^{i}mz, fois,* après le nombre, sauf dans les deux exceptions : **once** *wæ'nss, une fois,* et **twice** *twa^{i}ss, deux fois.*

three times	*THri: ta^{i}mz*	trois fois
four times	*fò:^{e} ta^{i}mz*	quatre fois
sometimes	*sæ'mta^{i}mz*	quelquefois

Les quantités

some	*sæ'm*	quelque/s / un peu de
any	*èni*	quelque/s / un peu de (à la place de **some** dans les phrases interrogatives et négatives)
every	*èvri*	chaque
no / none	*no^{ou} / nò'n*	aucun/e
many	*mèni*	beaucoup (dénombrable)
much	*mætch*	beaucoup (innombrable)
a lot of	*e lòt òv*	beaucoup (une grande quantité de)
a few	*e fyou:*	quelques / peu de
a little	*e litel*	un peu
a little bit	*e litel bit*	un tout petit peu
all	*ò:l*	tout
a kilo	*e ki:lò*	un kilo
a pound	*e pa^{ou}nd*	une livre (de)
a litre	*e li:t^{eu}*	un litre

half of	*Ha:f òv*	la moitié de
a quarter of	*e kwò:t*^{eu} *òv*	un quart de
a piece of	*e pi:ss òv*	un morceau de
a pair of	*e pè*^{e} *òv*	une paire de

LA NOTION DE TEMPS…

L'heure

an hour	*e'n aw*^{eu}	une heure
a minute	*e minit*	une minute
a second	*e sèke'nd*	une seconde
half an hour	*Ha:f e'n aw*^{eu}	une demi-heure
quarter of an hour	*kwò:t*^{eu} *òv e'n aw*^{eu}	un quart d'heure
on time	*ò'n ta*^{i}*m*	ponctuel, à l'heure

What time is it please?
wòt ta^{i}*m i:z it pli:z*
Quelle heure est-il, s'il vous plaît ?

Do you have the time please?
dou: you: Hàv DHe ta^{i}*m pli:z*
Avez-vous l'heure, s'il vous plaît ?

It is late / early.
it iz lè^{i}*t/eu:li*
Il est tard / tôt.

The train is late.
DHe trè^{i}*n iz lè*^{i}*t*
le train est tard
Le train est en retard.

The train arrived on time.
DHe trè^{i}*n arra*^{i}*vd ò'n ta*^{i}*m*
le train arrive sur temps
Le train est arrivé à l'heure.

Dire l'heure

Pour la première demi-heure, de 0 à 30 minutes, par exemple 9 h 10, dites d'abord les minutes : **ten**, *dix* puis **past**, *passé, après*, suivi de **nine**, *9* – **ten past nine**, ce qui pourrait se traduire littéralement par "dix (minutes) après neuf (heures)".

Pour la deuxième demi-heure, de 31 à 59 minutes, par exemple 9 h 40 ou 10 heures moins 20, dites d'abord les minutes **twenty**, *vingt* puis **to**, *jusqu'à, avant* **ten**, *dix* – **twenty to ten**, littéralement "vingt (minutes) jusqu'à dix (heures)". Autres exemples – observez bien les quarts et la demie :

It's …
itss
Il est …

2 h 20	**twenty (minutes) past two** ("**minutes**" est facultatif) *twè'nti (minitss) pa:st tou:* vingt (minutes) après deux deux heures vingt
11 h 15	**quarter past eleven** *kwò:t^{eu} pa:st ilève'n* quart après onze onze heures et quart
17 h 30	**half past five / five thirty** *Ha:f pa:st fa^{i}v / fa^{i}v THeu:ti* demie après cinq / cinq trente cinq heures et demie / cinq heures trente
15 h 45	**quarter to four** *kwò:t^{eu} te fò:* quart jusqu'à quatre quatre heures moins le quart
12 h 00	**twelve o'clock** (pour l'heure pleine, "**o'clock**" est obligatoire) *twèlv eklòk* douze de-l'horloge douze heures

noon / midday	*nou:n / mid'dè^{i}*	midi
midnight	*midna^{i}t*	minuit

It's midday / midnight.
itss mid'dèi / midna^{i}t
Il est midi / minuit.

Notez que pour des horaires précis, comme les horaires de train par exemple, on emploiera une forme très voisine du français :

5 h 31	**five thirty one** *fa^{i}v Theu:ti wæ'n* cinq trente un cinq heures trente et une

Les Anglais comptent toujours les heures de 0 à 12 h et non pas de 0 à 24 h comme en français. Le matin, on ajoute l'indication **a.m.** *è^{i} èmm* (de *ante meridiem*) et l'après-midi, **p.m.** *pi: èmm* (de *post meridiem*). Exemple : **4 a.m.**, *4 heures* (du matin) ; **4 p.m.**, *16 heures*.

Se situer dans le temps

date	*dè^{i}t*	date
day	*dè^{i}*	jour
month	*mæ'nTH*	mois
today	*tedè^{i}*	aujourd'hui
tomorrow	*temòro^{ou}*	demain
week	*wi:k*	semaine
yesterday	*yèsstedè^{i}*	hier

Les moments de la journée

(in the) morning	*i'n DHe mò:ni'ng*	(le) matin, (dans la) matinée
this morning	*DHiss mò:ni'ng*	ce matin
(at) lunchtime	*àt leunchta^{i}m*	(à) l'heure du déjeuner
(in the) afternoon	*i'n DHi: a:ftenou:n*	(dans l') après-midi

evening	*i:vni'ng*	soir
tonight	*tena'^it*	ce soir (cette nuit)
(in the) night	*i'n DHe na'^it*	(dans la) nuit

Les jours de la semaine

Monday	*mæ'ndè^i*	lundi
Tuesday	*tyou:zdè^i*	mardi
Wednesday	*wè'nzdè^i*	mercredi
Thursday	*THeu:zdè^i*	jeudi
Friday	*fra^idè^i*	vendredi
Saturday	*sàtedè^i*	samedi
Sunday	*sæ'ndè^i*	dimanche

Notez qu'en anglais **on Monday** *ò'n mæ'ndè^i* signifie "lundi qui vient" alors que **on Mondays** *ò'n mæ'ndè^iz* s'emploie pour "le lundi en général, tous les lundis" :

On Monday I am going to the cinema.
ò'n mæ'ndè^i a^i à'm go^oui'ng te DHe sinemà
sur lundi je suis en-train-d'aller à le cinéma
Lundi, je vais au cinéma.

On Mondays I play football.
ò'n mæ'ndè^iz a^i plè^i foutbò:l
Le lundi, je joue au football.

See you on Monday!
si: you: ò'n mæ'ndè^i
vois vous / toi sur lundi
À lundi !

I play football every Saturday.
a^i plè^i foutbò:l èvri sàtedè^i
Je joue au football tous les samedis.

Notez qu'à l'écrit, les jours de la semaine de même que les mois prennent toujours une majuscule.

SEE YOU ON MONDAY!

(À lundi !)

Les mois

January	*djànyoueri*	janvier
February	*fèbyoueri*	février
March	*ma:tch*	mars
April	*eipril*	avril
May	*mèi*	mai
June	*djou:n*	juin
July	*djoulai*	juillet
August	*ò:guest*	août
September	*septè'mbeu*	septembre
October	*òktooubeu*	octobre
November	*nòvè'mbeu*	novembre
December	*dissè'mbeu*	décembre

Les saisons

season	*si:ze'n*	saison
spring	*spri'ng*	printemps
summer	*sæmeu*	été
autumn	*ò:te'm*	automne
winter	*wi'nteu*	hiver

Où est ... / Où se trouve ... ?

Dans toutes les villes de Grande-Bretagne, vous trouverez un office du tourisme où on vous donnera un plan de la ville. À Londres, il existe même des distributeurs automatiques de plans dans le métro ! Toutefois, si vous n'arrivez pas à vous repérer, n'hésitez pas à demander de l'aide à un passant. Quelques phrases pour vous aider :

Dans la rue

Excuse me, where is ... please?
ekskyouz mi: wè^{e} iz... pli:z
Excusez-moi, où se trouve ..., s'il vous plaît ?

Could you tell me the way to ...?
koud you: tèl mi: DHe wè^{i} te:
Pouvez-vous m'indiquer le chemin pour ... ?

the tourist office	*DHe tò:rist òfiss*	l'office de tourisme
the train station	*DHe trè^{i}n stè^{i}che'n*	la gare ferroviaire
the travel agency	*DHe tràvèl è^{i}dje'nsi*	l'agence de voyages
the town centre	*DHe ta^{ou}n sè'nt^{eu}*	le centre-ville
a car park	*e ka: pa:k*	un parking
near	*ni^{e}*	proche
far	*fa:*	loin
on the right	*o'n DHe ra^{i}t*	à droite
on the left	*o'n DHe lèft*	à gauche
traffic lights	*tràfik la^{i}tss*	feu de signalisation
pedestrian crossing	*pèdèstri:e'n kròssi'ng*	passage piéton
straight on	*strè^{i}t ò'n*	tout droit
in front of	*i'n frò'nt òv*	devant
behind	*biHa^{i}nd*	derrière
opposite	*òpezit*	en face de
next to	*nèkst te*	à côté de

It's over there, on the right.
itss ò^ou^v^eu^ DHè^e^ ò'n DHe ra^i^t
cela-est au-dessus là sur la droite
C'est là-bas, à droite.

Turn left into Queen Street.
teu:n lèft i'nte kwi:n stri:t
tournez gauche dans reine rue
Tournez à gauche dans Queen Street (la rue de la Reine).

Go straight on, it's opposite the church.
gò^ou^ strè^i^t ò'n itss òpezit DHe tcheu:tch
allez droit sur, cela est opposé la église
Allez tout droit, c'est en face de l'église.

L'avion

La Grande-Bretagne étant une île, il est normal que les transports aériens soient très développés. Quasiment chaque ville possède son propre aéroport, et les aéroports les plus grands (comme Heathrow, Gatwick et Manchester) sont un peu comme de petites villes, avec un grand choix de magasins et de restaurants, et même des coiffeurs et des salons de beauté !

I'd like to book a (return) flight to Manchester.
*a^i^d la^i^k te bouk e riteu:n fla^i^t te mà'ntchèst^eu^*
je [aux. **would**] aimerais réserver un (retour) vol pour Manchester
Je voudrais réserver un aller (aller-retour) pour Manchester.

Is there a stopover in Paris?
iz DHè^e^ e stòp-o^ou^v^eu^ i'n pàriss
est là un arrêt-au-dessus de Paris
Y a-t-il une escale à Paris ?

Is there a connecting flight to Edinburgh?
*iz DHè^e^ e kenèkti'ng fla^i^t te èdi'nbr^e^*
est là un correspondant vol pour Édimbourg
Y a-t-il une correspondance pour Édimbourg ?

I have to cancel my flight.
a[i] Hàv te kà'nssel ma[i] fla[i]t
je ai à annuler mon vol
Je dois annuler mon vol.

Ce n'est pas le tout d'avoir un horaire en main… Encore faut-il pouvoir en déchiffrer les principales informations et abréviations :

arr = arrival	*era[i]vel*	arrivée
daily (ex Sa)	*dè[i]li iksèpt sàtedè[i]z*	quotidien (sauf samedis)
dep = departure	*dipa:tch[eu]*	départ
frequency	*fri:kwè'nsi*	fréquence
non stop	*nò'n-stòp*	direct

Les grands aéroports britanniques (comme Heathrow à Londres par exemple, qui compte quatre aérogares et accueille 63 millions de passagers chaque année) peuvent être déconcertants, surtout quand on n'est pas habitué à prendre l'avion.

Alors, le premier contact avec le langage souvent incompréhensible que diffusent les haut-parleurs, les comptoirs d'enregistrement, les salles d'embarquement, les tableaux d'affichage, etc. peuvent être quelque peu stressants… Voici de quoi vous aider à déchiffrer les instructions concernant votre *départ*, **departure**, que vous trouverez inscrites sur le tableau du même nom **(departures)** :

cancelled	*kà'nsseld*	annulé
delayed	*dilè[i]d*	retardé
estimated time	*èstimè[i]tid ta[i]m*	heure prévue
flight number	*fla[i]t næ'mb[eu]*	vol numéro
gate	*guè[i]t*	porte
on time	*ò'n ta[i]m*	à l'heure
scheduled time	*skèd[i]ould ta[i]m*	horaire

Essayez de retenir les expressions suivantes pour mieux comprendre le b.a.-ba des haut-parleurs !

airport	*è^{e}por't*	aéroport
air-sickness	*è^{e} sikness*	mal de l'air
announcement	*ena^{ou}nssme'nt*	annonce
arrival	*era^{i}vel*	arrivée
booking	*bouki'ng*	réservation
counter	*ka^{ou}nt^{eu}*	comptoir
crew	*krou:*	équipage
departure	*dipa:tch^{eu}*	départ
departure lounge/ hall	*dipa:tch^{eu} la^{ou}ndj / Hò:l*	salle d'attente
destination	*dèstinè^{i}che'n*	destination
emergency exit	*imeu:dje'nssi èksit*	sortie de secours
exit	*èksit*	sortie
flight	*fla^{i}t*	vol
information desk	*i'nfemè^{i}che'n dèsk*	comptoir d'informations
landing	*là'ndi'ng*	atterrissage
luggage/baggage	*læguidj / bàguidj*	bagages
passenger	*pàsse'ndj^{eu}*	passager
return flight	*riteu:n fla^{i}t*	retour
take off	*tè^{i}k òf*	décollage
timetable	*ta^{i}mtè^{i}bel*	horaire
to fly	*te fla^{i}*	voler
to land	*te là'nd*	atterrir
to take off	*te tè^{i}k òf*	décoller

Le train et le bus

Le train est un excellent moyen pour visiter le pays. Le réseau dessert les grandes villes comme les petits villages en traversant des paysages magnifiques. Certaines lignes ont une histoire riche, et il est encore possible de prendre un train à vapeur, par exemple sur la ligne entre Settle et Carlisle, dans le Nord de l'Angleterre.

Le réseau ferroviaire britannique a été privatisé il y a quelques années. Depuis, les différentes régions ne sont plus gérées par une seule et même société. Alors, si vous voyagez beaucoup dans le pays, ne soyez pas surpris de prendre un train différent à chaque fois. Cependant, les billets de train pour n'importe quelle compagnie se vendent aux guichets de toutes les gares. Pour les jeunes de 16 à 25 ans, la **Young Persons Railcard** *yæng peu:sse'nz rèilka:d, carte jeunes* propose des tarifs avantageux. Pour les séjours plus longs, les billets **Eurail** *iourèil* et **Interrail** *i'nteurèil* sont également intéressants.

L'arrivée du train **Eurostar** a relié les îles Britanniques à l'Europe continentale et, en passant sous la manche, on ne met que 2 heures 35 minutes de Paris à Londres. Mais le système TGV n'a pas été prolongé dans tout le pays, malheureusement ! Voyagez tranquillement dans des **quiet carriages** *kwaie't kàridjiz*, litt. "wagons silencieux", qui existent dans certains trains et dans lesquels l'usage des téléphones portables et des baladeurs est strictement interdit. De plus, sachez-le, l'ensemble du réseau est strictement non fumeur.

Do I need to make a seat reservation?
dou: ai ni:d te mèik e si:t rèzevèiche'n
[aux. **do**] je besoin de faire un siège réservation
Faut-il faire une réservation de place ?

Yes, would you like a window seat or an aisle seat?
yèss, woud you: laik e wi'ndoou si:t ò: e'n ail si:t
oui [aux. **would**] vous aimeriez un fenêtre siège ou un couloir siège
Oui, préféreriez-vous une place fenêtre ou couloir ?

How much is a young person's rail card?
Haou mætch iz e yæ'ng peu:sse'nz rèilka:d
comment beaucoup est une jeune personne rail carte
Combien coûte une carte jeune ?

aisle seat	*aⁱl si:t*	place couloir
fast train	*fa:st trèⁱn*	train rapide
platform	*plàtfò:m*	quai
sleeper train	*sli:peᵉᵘ trèⁱn*	wagon-lit
train station	*trèⁱn stèⁱche'n*	gare ferroviaire
train	*trèⁱn*	train
window seat	*wi'ndoᵒᵘ si:t*	place fenêtre
young person's railcard	*yæ'ng peu:sse'nz rèⁱlka:d*	carte jeune (sur le réseau ferroviaire)

Une bonne alternative au train est le **National Express**, le réseau national routier. Moins chers mais aussi souvent moins rapides que le train, les autocars relient la plupart des villes de Grande-Bretagne et proposent également une carte à tarif intéressant pour les jeunes. Chaque ville est desservie par une ou plusieurs compagnies de bus qui permettent de se déplacer sans difficulté dans la région.

Where is the bus stop / the station?
wèᵉ iz DHe bæss stòp / DHe stèⁱche'n
Où est l'arrêt de bus / la gare ?

A ticket to Bristol, please.
e tikèt te bristel pli:z
Un billet pour Bristol, s'il vous plaît.

How much is a ticket to …?
Haᵒᵘ mætch iz e tikèt te
combien beaucoup est un billet pour
Combien coûte un billet pour … ?

When is there a bus / train to …?
wèn iz DHèᵉ e bæss / trèⁱn te
quand est là un bus / train à
Quand y a-t-il un bus / train pour … ?

Could you tell me when we get to ...?
koud you: tèl mi: wèn wi: guèt te
Pourriez-vous me dire quand nous arrivons à ... ?

Where do I have to change?
wè^e dou: a^i Hàv te tchè^indj
ou [aux. **do**] je ai à changer
Où dois-je changer ?

What platform does the train to ... leave from?
wòt plàtfò:m dæz DHe trè^in te ... li:v frò'm
quoi quai [aux. **does**] le train pour ... part de
De quel quai part le train pour ... ?

coach station	*ko^ou tch stè^ichen*	gare routière
coach	*ko^ou tch*	autocar
direction	*dirèkche'n*	direction
driver	*dra^iv^eu*	conducteur
fare	*fè^e*	tarif
return	*riteu:n*	aller et retour
seat reservation	*si:t rèzevè^iche'n*	réservation de place
single	*si'nguel*	aller simple
terminus	*teu:miness*	terminus
young person's coachcard	*yæ'ng peu:sse'nz ko^ou tchka:d*	carte jeune (réseau routier)

Voyager en voiture

Souvenez-vous que les Britanniques conduisent à gauche, et sachez qu'ils sont très fiers de cette particularité ! Si vous avez cette possibilité, nous ne saurions que vous recommander d'en profiter et de conduire vous aussi, car la voiture est la meilleure façon de découvrir les secrets et la beauté de la campagne, avec ses petits villages typiques, et ses immenses et beaux parcs que traversent de petites routes pittoresques. De plus, les routes sont très bien entretenues et les Britanniques conduisent très tranquillement, alors profitez-en pour admirer le paysage !

En règle générale, il est très facile de louer une voiture (à condition d'avoir plus de 21 ans). C'est assez cher – tout comme l'essence –, mais il y a beaucoup moins de frais de péage qu'en France par exemple. Les stations-service sont nombreuses à travers le pays, mais attention : si vous avez besoin d'un mécanicien, sachez que les garages sont plus rares.

I'd like to hire a car.
a^{i}d la^{i}k te Ha-y^{eu} e ka:
Je voudrais louer une voiture.

How much is the deposit?
Ha^{ou} mætch iz DHe dipòzit
comment beaucoup est le dépôt
Combien coûte la caution ?

Does the car take unleaded petrol or diesel?
dæz DHe ka: tè^{i}k æ'nlèdid pètrel or di:zel
[aux. **does**] la voiture prend sans plomb essence ou gazole
La voiture prend-elle de l'essence sans plomb ou du gazole ?

to hire/rent	*te Ha-y^{eu} / rè'nt*	louer
unlimited mileage	*æ'nlimited ma^{i}lidj*	kilométrage illimité
excess	*èksèss*	franchise
insurance	*i'nchoure'nss*	assurance
CD player	*si:-di: plè^{ieu}*	lecteur CD
damage	*dàmidj*	dommages
theft	*THèft*	vol

En cas de panne sur l'autoroute, utilisez les téléphones jaunes que vous trouverez au bord de la route : ils vous permettront de contacter directement un service de dépannage. Voici quelques phrases utiles pour ne pas rester en rade :

Where's the nearest petrol station?
wè^{e}z DHe ni:rest pètrel stè^{i}che'n
où-est la plus-proche essence station
Où est la station-service la plus proche ?

The battery is flat.
DHe bàteri iz flàt
la batterie est plate
La batterie est à plat.

WHERE'S THE NEAREST PETROL STATION?

(Où est la station-service la plus proche ?)

Can you check the oil / battery / tyre pressure?
kà'n you: tchèk DHi o'l / bàteri / ta-yeu prècheu
Pouvez-vous vérifier l'huile / la batterie / la pression des pneus ?

My car has broken down!
ma'i ka: Hàz broouke'n daoun
ma voiture a cassé bas
Ma voiture est en panne !

My car needs to be towed.
ma'i ka: ni:dz te bi: toou d
ma voiture nécessite être remorquée
Ma voiture doit être remorquée.

I've had an accident, please call the police!
a'v Hàd e'n àksidè'nt pli:z kò:l DHe peli:ss
J'ai eu un accident, appelez la police, s'il vous plaît !

brakes	*brè'kss*	freins
clutch	*klætch*	embrayage
diesel	*di:zel*	gazole
driving licence	*dra'vi'ng la'sse'nss*	permis de conduire
engine	*è'ndji'n*	moteur
gear	*guieu*	vitesse (1re, 2e, etc.)

headlight	*hèdlait*	phares
motorway	*moouterwèi*	autoroute
petrol	*pètrel*	essence
road sign	*rooud sain*	panneau de signalisation
steering wheel	*sti:ri'ng wi:l*	volant
traffic lights	*tràfik laitss*	feux rouges
unleaded petrol	*æ'nlèdid pètrel*	essence sans plomb
windscreen	*wi'ndskri:n*	pare-brise

Le bateau

Si vous avez envie de voir les falaises blanches de Douvres de plus près, prenez un des grands ferrys qui relient la Grande-Bretagne au reste de l'Europe et utilisez ces phrases pour ne pas vous noyer !

When does the boat leave?
wè'n dæz DHe boout li:v
quand [aux. **does**] le bateau part
Quand le bateau part-il ?

How long does the crossing take?
Haou lò'ng dæz DHe kròssi'ng tèik
combien long [aux. **does**] la traversée prend
Combien de temps la traversée dure-t-elle ?

boat	*boout*	bateau
coast	*kooust*	côte
crossing	*kròssi'ng*	traversée
ferry	*fèri*	ferry
harbour	*Ha:beu*	port
lifeboat	*laifboout*	canot de sauvetage
lifejacket	*laifdjàkèt*	gilet de sauvetage
yacht	*yòt*	bateau de plaisance

I feel a bit seasick.
ai fi:l à bit si:sik
je sens un peu mer-malade
J'ai un peu le mal de mer.

Maybe you should go outside and get some fresh air.
mè^{i}bi: you: choud go^{ou} a^{ou}tsa^{i}d à'nd gèt sò'm frèch è^{e}
peut-être tu devrais aller dehors et obtenir un-peu frais air
Peut-être devrais-tu sortir prendre l'air.

Yes, I think that would help.
yèss a^{i} THink DHàt woud hèlp
Oui, je pense que cela aiderait.

Be careful not to fall overboard!
bi: kè^{e}fel nòt te fò:l o^{ou}v^{eu}bò:d
être prudent ne-pas tomber par-dessus-bord
Fais attention à ne pas tomber par-dessus bord !

Faire de l'auto-stop

L'auto-stop n'est plus guère pratiqué, en Grande-Bretagne, et vous risquez d'attendre longtemps au bord de la route, mais si on vous propose de vous emmener, voici quelques phrases clés :

Can you give me a lift to ...?
kà'n you: guiv mi: e lift te
pouvez vous donner moi une montée à
Pouvez vous m'emmener à ... ?

Please drop me off at the train station.
pli-iz dròp mi: òf àt DHe tre^{i}n stè^{i}che'n
s'il-vous-plaît lâchez moi [part. **off**] à la train station
S'il vous plaît, déposez-moi à la gare.

LA MÉTÉO

La Grande-Bretagne jouit d'un climat très modéré. Il est vrai qu'il pleut assez souvent, mais au moins les paysages sont verdoyants !
En toute circonstance, quelques mots sur la météo vous permettront d'entrer aisément en conversation avec un sujet de Sa Majesté sans bouleverser le protocole de la politesse britannique.

Beautiful day, isn't it?
b[i]ou:tifel dè[i] izn't it
belle journée n'est-pas ça
Il fait très beau, non ?

What awful weather!
wòt ò:foul wèDH[eu]
Quel temps affreux !

Looks like rain, doesn't it?
loukss la[i]k rè[i]n dæz'nt it
regarde comme la pluie ne-fait-pas ça
On dirait qu'il va pleuvoir, non ?

It's very hot today.
itss vèri Hòt tedè[i]
Il fait très chaud aujourd'hui.

cloud	*kla[ou]d*	nuage
cloudy	*kla[ou]di*	nuageux
cold	*ko[ou]ld*	froid
fog	*fòg*	brouillard
hail	*hè[i]l*	grêle
hat	*Hàt*	chapeau
hot	*Hòt*	chaud
lightning	*la[i]tni'ng*	éclair
mist	*mist*	brume
rain coat	*rè[i]n kò[ou]t*	imperméable

rain	*rèⁱn*	pluie
snow	*snòᵒᵘ*	neige
storm	*stò:m*	tempête
sun cream	*sæ'n kri:'m*	crème solaire
sun	*sæ'n*	soleil
thunder	*THænd[eu]*	foudre
umbrella	*æ'mbrèl[eu]*	parapluie
wind	*wi'nd*	vent

L'ARGENT

La Grande-Bretagne fait partie de l'Europe mais ne s'est pas encore mise à l'euro. La monnaie nationale reste la livre sterling (£). *Une livre*, **one pound** *wæ'n pa[ou]nd* comprend 100 **pence** *pè'nss* (p) et se divise en billets de 5, 10, 20, 50 et 100 livres et en pièces de £1 et £2, et de 50p, 20p, 10p, 5p, 2p et 1p. Sur chaque billet ou pièce figure le buste de la Reine d'un côté, et des images variées de l'autre.
L'Écosse possède ses propres billets, qui ont la même valeur que les billets anglais mais dont les motifs sont différents. En règle générale, les deux types de billets sont acceptés partout, mais les petits commerçants anglais rechignent parfois à accepter les billets de £1 écossais, dans la mesure où le billet équivalent anglais n'existe plus depuis quelques années.

Les banques ouvrent en général de 9 h à 17 h du lundi au vendredi, et de 9 h à 13 h le samedi. En ville, vous n'aurez aucun problème à trouver une banque avec un bureau de change. On peut aussi souvent changer de l'argent dans les agences de voyages ou dans les grands bureaux de poste. Dans ce cas, ils sont marqués **bureau de change**, comme en français, ou **change** tout court. Et puis il y a des distributeurs automatiques partout et ils acceptent les grandes cartes internationales (tout comme les magasins).

bank	*bà'nk*	banque
cash machine	*kàch mechi:n*	distributeur de billets
change	*tchè'ndj*	bureau de change, monnaie
cheque	*tchèk*	chèque
coin	*kò'n*	pièce de monnaie
note	*no^ou^t*	billet
travel agent	*tràvel è'djè'nt*	agence de voyages
post office	*po^ou^st òfiss*	bureau de poste

Can I change a traveller's cheque?
kà'n a'tchè'ndj e tràvl^eu^z tchèk
puis je changer un voyageur-de chèque
Puis-je changer un chèque de voyage ?

Do you have change for a 50 pound note?
dou: you: Hàv tchè'ndj fò: e fifti pa^ou^nd no^ou^t
[aux. **do**] vous avez change pour un cinquante livre billet
Avez-vous la monnaie pour un billet de 50 livres ?

DO YOU HAVE CHANGE FOR A 50 POUND NOTE?
(Avez-vous la monnaie pour un billet de 50 livres ?)

Do you take credit cards?
dou: you: tèik krèdit ka:dz
[aux. **do**] vous prenez crédit cartes
Prenez-vous les cartes de crédit ?

Is there a cash machine near here?
iz DHèe e kàch mechi:n nie Hi:e
est là une argent-liquide machine près ici
Est-ce qu'il y a un distributeur de billets près d'ici ?

Les pourboires

Il est courant de laisser 10 à 15 % de pourboire dans les restaurants, sauf si votre **bill**, *addition*, porte la mention **service included** *seu:viss i'nklou:did, service compris*. Par ailleurs, laisser un pourboire pour les serveurs des pubs ou pour les chauffeurs de taxi n'est pas obligatoire mais toujours bienvenu !

L'argent parle

Comme en français, l'anglais compte tout un répertoire de mots d'argot pour tout ce qui concerne l'argent. Ces mots sont employés de façon courante, il est donc utile de les connaître :

cash	*kàch*	sous, liquide
dosh	*dòch*	fric
dough	*dòou:*	thune
p	*pi:*	pence
quid	*kwid*	livre
stingy	*sti'ndji*	radin
It's a bargain!	*itss e ba:gui'n*	C'est une affaire !
It's a rip off!	*itss e rip òf*	C'est de l'arnaque !
I'm skint.	*aim ski'nt*	Je suis fauché/e.
I'm loaded.	*aim loou:did*	Je suis plein aux as.

L'HÉBERGEMENT

Partout en Grande-Bretagne, vous pourrez choisir parmi une gamme très large d'options d'hébergement – depuis les dortoirs d'une auberge de jeunesse jusqu'aux châteaux écossais du XVIIe siècle, en passant par les hôtels, les gîtes et les "**B&B**" *bi: à'nd bi:*.
B&B signifie **bed and breakfast**, litt. "lit et petit-déjeuner". Ces petits hôtels familiaux ou chambres d'hôtes vous offrent un accueil chaleureux et typiquement britannique, à des tarifs plus intéressants que les hôtels. Vous en trouverez en ville comme à la campagne, souvent même à proximité de grands hôtels. Pour les tout petits budgets – car il faut savoir que l'hébergement, surtout à Londres, est assez cher –, il existe les **youth hostels**, *auberges de jeunesse* où les **backpackers** (qui pourrait se traduire littéralement par "sac à dos-eurs") peuvent choisir entre un lit dans un dortoir et une chambre individuelle. En été, les campings et les parcs de caravanes en bord de mer sont remplis de vacanciers qui profitent du grand air. Le vrai luxe : les gîtes et les châteaux, souvent entourés de beaux jardins anglais, qui sont des endroits superbes pour se reposer en toute tranquillité à la campagne.
Voici quelques phrases pour vous aider à vous loger :

I'd like to book a double room please.
a[i]d la[i]k te bouk e dæb'l rou:m pli:z
je [aux. **would** contracté] aimerais réserver une double chambre SVP
Je voudrais réserver une chambre double, s'il vous plaît.

For how many nights?
fò: Ha[ou] mèni na[i]tss
Pour combien de nuits ?

For three nights / two weeks please.
fò: THri: na[i]tss / tou: wi:kss pli:z
Pour trois nuits / deux semaines, s'il vous plaît.

How much is a single room?
Ha^ou mætch iz e si'nguel rou:m
comment beaucoup est une simple chambre
Combien coûte une chambre simple ?

Is breakfast included?
iz brèkfest i'nklou:did
est petit-déjeuner inclus
Le petit-déjeuner est-il inclus ?

Does the room have a bath / shower?
dæz DHe rou:m Hàv e bàTH / chaw^eu
[aux. **do**] la chambre a un bain / douche
La chambre a-t-elle un bain / une douche ?

Do you have a pitch for a small tent?
dou: you: Hàv e pitch fò: e smò:l tè'nt
[aux. **do**] vous avez une place pour une petite tente
Avez-vous une place pour une petite tente ?

bathroom	*bàTHrou:m*	salle de bains
bed	*bèd*	lit
blanket	*blà'nkit*	couverture
campsite	*kà'mpsa^i t*	camping
corridor	*kòridò:r*	couloir
key	*ki:*	clé
lift	*lift*	ascenseur
quilt	*kwilt*	couette
reception	*rissèpche'n*	accueil
sheet	*chi:t*	drap
towel	*ta^ou el*	serviette

À votre arrivée à l'hôtel, on vous demandera sans doute de remplir une fiche. En voici le vocabulaire :

Please complete this form.
pli:z kò'mpli:t DHiss fò:'m
Veuillez remplir cette fiche, s'il vous plaît.

check in	*tchèk i'n*	arrivée
check out	*tchèk a^ou^t*	régler sa note
block capitals	*blòk kàpitelz*	majuscules d'imprimerie
surname	*seu:nè^i^m*	nom de famille
first name	*feu:st nè^i^m*	prénom
home address	*Ho^ou^m edrèss*	adresse du domicile
date of arrival	*dè^i^t òv era^i^vel*	date d'arrivée
number of nights	*næ'mb^eu^ òv na^i^tss*	nombre de nuits
car registration n°	*ka: rèdjistrè^i^che'n næ'mb^eu^*	numéro d'immatriculation de la voiture
nationality	*nàchenàliti*	nationalité
passport number	*pàsspò:t næ'mb^eu^*	numéro du passeport
issued at	*ichou:d àt*	délivré à

Notez aussi **check out time** : l'heure à laquelle il faut libérer la chambre.

LE SHOPPING

En vacances, on passe souvent pas mal de temps à faire du lèche-vitrines et à visiter les boutiques de souvenirs. En Grande-Bretagne, il y a de quoi vous tenter. Des grands centres commerciaux aux petites rues commerçantes, vous verrez que le shopping est aussi un sport national britannique, surtout pendant les soldes de janvier et de juillet !

Les achats de plaisir

Les souvenirs, les vêtements, les bijoux artisanaux… il y a tout ce qu'il faut pour vous rappeler vos belles vacances en Grande-Bretagne, une fois que vous serez rentré – même des emblèmes des Union Jacks si vous voulez !

Do you sell postcards?
dou: you: sèl pò:stka:dz
[aux. **do**] vous vendez cartes postales
Vendez-vous des cartes postales ?

Can I try this on?
kà'n a^{i} tra^{i} DHiss ò'n
peux je essayer cela sur
Puis-je essayer ceci ?

Yes, the changing rooms are over there.
yèss DHe tchè^{i}ndji'ng rou:mz a: o^{ou}v^{eu} DHè^{e}
oui les changeant salles sont dessus là
Oui, les cabines sont là-bas.

Do you have this shirt in blue?
dou: you: Hàv DHiss cheu:t i'n blou:
[aux. **do**] vous avez cette chemise en bleu
Avez-vous cette chemise en bleu ?

No, but we have it in red.
no^{ou} bæt wi: Hàv it i'n rèd
Non, mais nous l'avons en rouge.

Do you have these shoes in a bigger size?
dou: you: Hàv DHi:z chou:z i'n e bigu^{eu} sa^{i}z
[aux. **do**] vous avez ces chaussures dans une plus-grande taille
Avez-vous ces chaussures dans une pointure plus grande ?

How much is it?
Ha^{ou} mætch i:z it
comment beaucoup est cela
Ça coûte combien ?

It's too big.
itss tou: big
C'est trop grand.

It doesn't suit me.
it dæzn't sou:t mi:
Ça ne me va pas.

Les couleurs

beige	*bèj*	beige
black	*blàk*	noir
blue	*blou:*	bleu
brown	*bra^{ou}n*	marron
green	*gri:n*	vert
grey	*grè^{i}*	gris
off white	*òf wa^{i}t*	blanc cassé
pink	*pi'nk*	rose
red	*rèd*	rouge
violet	*va^{i}elèt*	violet
white	*wa^{i}t*	blanc
yellow	*yèlo^{ou}*	jaune
dark	*da:k*	foncé, sombre
light	*la^{i}t*	clair
stripes	*stra^{i}pss*	rayures
dots	*dòtss*	pois

Expressions courantes

cheap	*tchi:p*	pas cher
expensive	*ikspè'nssiv*	cher
sales	*sè^{i}lz*	soldes
shop	*chòp*	magasin, boutique
to buy	*te ba^{i}*	acheter
to go shopping	*te go^{ou} chopi'ng*	faire les magasins
to sell	*te sèl*	vendre

Commerces et commerçants

baker	*be^{i}k^{eu}*	boulanger
butcher	*boutch^{eu}*	boucher
department store	*dipa:tme'nt stò:*	grand magasin
DIY store	*di: a^{i} wa^{i} stò:*	magasin de bricolage
dry cleaner	*dra^{i} kli:n^{eu}*	pressing

grocery store	*gro^{ou}sseri stò:*	épicerie
jeweller	*djouel^{eu}*	joaillier/bijoutier
optician	*òptiche'n*	opticien
shoe shop	*chou: chòp*	magasin de chaussures
souvenir shop	*sou:veni^{eu} chòp*	magasin de souvenirs
stationer	*stè^{i}chen^{eu}*	papetier
supermarket	*sou:pema:ket*	supermarché

Les vêtements

belt	*bèlt*	ceinture
coat	*ko^{ou}t*	manteau
dress	*drèss*	robe
hat	*Hàt*	chapeau
jumper	*djæ'mp^{eu}*	pull-over
scarf	*ska:f*	écharpe
shirt	*cheu:t*	chemise
shoes	*chou:z*	chaussures
skirt	*skeu:t*	jupe
socks	*sòkss*	chaussettes
trousers	*tra^{ou}z^{eu}z*	pantalon
t-shirt	*ti:cheu:t*	t-shirt

Les bijoux

bracelet	*brè^{i}sle't*	bracelet
diamond	*da^{i}m'nd*	diamant
earrings	*i:ri'ngz*	boucles d'oreilles
gold	*go^{ou}ld*	or
necklace	*nèkless*	collier
ring	*ri'ng*	bague
silver	*silv^{eu}*	argent
watch	*wòtch*	montre

Les souvenirs

keyring	*ki:ri'ng*	porte-clé
purse	*peu:ss*	porte-monnaie
t-shirt	*ti:cheu:t*	t-shirt
pen	*pè'n*	stylo
pencil case	*pè'nsil kè^{i}ss*	trousse à crayons
paper weight	*pè^{i}p^{eu} wè^{i}t*	presse-papiers
cuddly toy	*kædli tò^{i}*	peluche (litt. "jouet câlinable" !)

AU SUPERMARCHÉ

Vous trouverez dans les supermarchés tous les produits alimentaires typiquement britanniques mais aussi un choix surprenant de produits étrangers, reflet de la vie cosmopolite du pays. En ville, les marchés sont un bon endroit pour trouver des produits locaux frais et pas chers.

aisle	*a^{i}'l*	allée
basket	*bàsket*	panier
fresh	*frèch*	frais
frozen	*fro^{ou}ze'n*	surgelé
market	*ma:ke't*	marché
supermarket	*sou:p^{eu} ma:ke't*	supermarché
trolley	*tròli*	caddy, chariot
delicatessen	*dèlikàtèsse'n*	rayon traiteur
fish counter	*fich ka^{ou}nt^{eu}*	rayon poissonnerie
cheese counter	*tchi:z ka^{ou}nt^{eu}*	rayon fromages

(Pour la nourriture, voir aussi la rubrique ***Manger et Boire***.)

I'd like half a pound of cheddar cheese please.
a^{i}d la^{i}k ha:f e pa^{ou}nd òv tchèd^{eu} tchi:z pli:z
je [aux. **would**] aimerais demi une livre de cheddar fromage s'il-vous-plaît
Je voudrais une demi-livre de fromage cheddar, s'il vous plaît.

I'd like four slices of ham please.
a'd la'k fò: sla'ssiz òv Hà'm pli:z
Je voudrais quatre tranches de jambon, s'il vous plaît.

MANGER ET BOIRE

Comme chacun sait, la cuisine britannique n'a pas très bonne réputation, on l'associe spontanément aux petits pois d'un vert lumineux et à la **jelly** aux couleurs... psychédéliques. Eh bien sachez que même les Britanniques ne mangent plus de **jelly** passé l'âge de neuf ans et que, contrairement aux idées reçues, on peut manger très bien, en Grande-Bretagne.
Voici un petit tour culinaire pour ne pas mourir de faim et, pourquoi pas, pour vous régaler !

Le petit-déjeuner

Si vous logez dans les hôtels ou les B&B, on vous donnera souvent le choix entre un **continental breakfast** *kò'ntinè'ntel brèkfest* et un **full English breakfast** *foul i'nglich brèkfest*. Le premier, bien plus léger que le second, se compose de pain, de jambon, de fromage, de fruits et de yaourt, alors que le petit déjeuner anglais "complet" vous apportera tout ce qu'il faut pour bien démarrer votre journée et vous sentir nourri pour de longues heures de promenade. Optez donc plutôt pour le **full English** avec des saucisses, du bacon, des œufs au plat, des haricots à la sauce tomate, des tomates, des champignons, des toasts... bref, un repas complet !

Would you like scrambled eggs or fried eggs?
woud you: la'k skrà'mbl'd ègz ò: fra'd ègz
[aux. **would**] vous aimez brouillé œufs ou frit œufs
Voulez-vous des œufs brouillés ou des œufs au plat ?

Scrambled eggs please.
skrà'mbl'd ègz pli:z
Des œufs brouillés, s'il vous plaît.

Do you have any apple juice?
dou: you: Hàv èni àpel djou:ss
[aux. **do**] vous avez du pomme jus
Avez-vous du jus de pomme ?

Yes, we have apple juice or orange juice.
yèss wi: Hàv àpel djou:ss ò: òre'ndj djou:ss
Oui, nous avons du jus de pomme ou du jus d'orange.

bacon	*bèike'n*	bacon
baked beans	*bèik'd bi:nz*	haricots à la sauce tomate
bread	*brèd*	pain
coffee	*kòfi:*	café
fruit juice	*frou:t djou:ss*	jus de fruits
fruit	*frou:t*	fruit
mushrooms	*mæchrou:mz*	champignons
sausage	*sòssidj*	saucisse
tea	*ti:*	thé
toast	*to^ou^st*	toast
tomato	*tòma:to^ou^*	tomate
yoghurt	*yògue't*	yaourt

À midi

Traditionnellement, le *déjeuner*, **lunch** *læ'nch*, était le grand repas de la journée, mais avec les changements liés au rythme de travail, les Britanniques sont de moins en moins nombreux à prendre un vrai repas à midi. À l'heure du déjeuner, donc, le sandwich est roi (le nom même provient du Comte de la ville de Sandwich qui, en quelque sorte, l'inventa ou plutôt le fit inventer par son cuisinier, pour ne pas avoir à quitter sa table de jeu !). Oubliez – momentanément – les baguettes croustillantes et adonnez-vous aux joies du pain de mie. Les sandwiches sont la version anglaise du *fast food* et vous en trouverez partout, même dans les pharmacies et les stations-service. Mais si vraiment tout ça ne vous dit rien, soyez rassuré : les pubs proposent souvent des repas chauds et bon marché le midi. Et puis, au bord de la mer, goûtez les **fish and chips** *fich à'nd tchipss*, litt. "poisson et frites", bien sûr avec du sel et du vinaigre, à l'anglaise, et emballés dans du papier journal local !

pie	*pa^{i}*	tourte
jacket potato	*djàkèt petè^{i}to^{ou}*	pomme au four
salad	*sàled*	salade
sandwich	*sà'ndwitch*	sandwich
white bread	*wa^{i}t brèd*	pain blanc
brown bread	*bra^{ou}n brèd*	pain complet
sliced bread	*sla^{i}st brèd*	pain tranché
roll	*ro^{ou}l*	petit pain
tuna	*toun^{eu}*	thon
ham	*Hà'm*	jambon
cheese	*tchi:z*	fromage
butter	*bæt^{eu}*	beurre
mayonnaise	*mayònè^{i}z*	mayonnaise
cucumber	*kyoukæ'mb^{eu}*	concombre
egg	*èg*	œuf
lettuce	*lètiss*	salade verte

I'd like a cheese and ham sandwich please.
a^{i}d la^{i}k e tchi:z à'nd Hà'm sà'ndwitch pli:z
Je voudrais un sandwich au fromage et au jambon, s'il vous plaît.

In white or brown bread?
i'n wa^{i}t ò: bra^{ou}n brèd
dans blanc ou brun pain
Avec du pain blanc ou du pain complet ?

Brown bread please, without butter.
*bra^ou^n brèd pli:z wiDHa^ou^t bæt^eu^*
brun pain s'il-vous-plaît sans beurre
Avec du pain complet, sans beurre, s'il vous plaît.

L'heure du thé

Le très traditionnel thé de 16 heures se fait plus rare, ces temps-ci... En fait, on boit du thé toute la journée – en moyenne mille tasses par personne et par an ! Le thé se sert toujours avec du lait, sucré ou non. D'ores et déjà, retenez bien **milk? sugar?** *du lait ? du sucre ?* – deux questions qui vous seront souvent posées.

What would you like to drink?
wòt woud you: la^i^k te dri'nk
quoi [aux. **would**] vous aimeriez boire
Que voulez-vous boire ?

Tea please.
ti: pli:z
Du thé, s'il vous plaît.

WHAT WOULD YOU LIKE TO DRINK?
– TEA PLEASE.
(Que voulez-vous boire ?
– Du thé, s'il vous plaît.)

With milk and sugar?
wiDH milk à'nd chougueu
Avec du lait et du sucre ?

Milk and two sugars please.
milk à'nd tou: chougueuz pli:z
lait et deux sucres s'il-vous-plaît
Du lait et deux (cuillères ou morceaux de) sucres, s'il vous plaît.

cup of tea	*kæp òv ti:*	tasse de thé
milk	*milk*	lait
mug	*mæg*	chope, mug
sugar	*chougueu*	sucre
tea leaves	*ti: li:vz*	feuilles de thé
teabag	*ti:bàg*	sachet de thé
teapot	*ti:pòt*	théière

Au restaurant

Pour votre repas du soir, les choix ne manqueront pas. Le côté cosmopolite de la Grande-Bretagne est omniprésent dans la nourriture, avec des restaurants italiens, chinois ou thaïs à chaque coin de rue. Mais la cuisine étrangère la plus représentée est sans nul doute la cuisine indienne, avec un choix énorme de restaurants. Depuis quelques années, on peut même dire que le **curry** *kæri* est devenu un plat national, non officiel bien entendu.
Après avoir longtemps pensé que leur cuisine n'était décidément pas digne de ce nom, les Britanniques redécouvrent aujourd'hui des plats du terroir longtemps oubliés. Dans la foulée, de nombreux restaurants aux jeunes chefs créatifs offrent à présent une "nouvelle cuisine" britannique qui réinvente avec bonheur les ingrédients traditionnels tels le gibier, les légumes d'hiver ou les sauces aux fruits d'été.

Et puis, le saviez-vous, la Grande-Bretagne a une longue tradition de desserts délicieux ! **Puddings** *poudi'ngz,* **crumbles** *kræmb'lz* et **cakes** *kè^{i}kss,* toujours riches parce que bien crémeux, sont servis chauds accompagnés de glace ou de **custard** *kæsted* – une crème anglaise très épaisse. Fondez pour eux, mais attention à votre ligne… calories garanties !

En général, les Britanniques dînent plus tôt que leurs voisins européens et les restaurants ferment souvent vers 23 heures - minuit. Pensez à réserver votre table et précisez si vous souhaitez une table **smoking** *smo^{ou}ki'ng, fumeurs,* ou **non smoking** *nòn smo^{ou}ki'ng, non-fumeurs.*
Votre serveur ne parlera sûrement pas français, alors voici les phrases clés pour bien profiter de votre soirée :

I'd like to book a table for four people for 8 o'clock please.
a^{i}d la^{i}k te bouk e tè^{i}b'l fò: fò: pi:p'l fò: è^{i}t eklòk pli:z
J'aimerais réserver une table pour quatre personnes pour 8 heures, s'il vous plaît.

We would like to order.
wi: woud la^{i}k tou ò:d^{eu}
Nous voudrions commander.

Are you ready to order?
a: you: rèdi te ò:d^{eu}
Êtes-vous prêt/s pour la commande ?

Yes, I'd like the steak please.
yèss, a^{i}d la^{i}k DHe stè^{i}k pli:z
Oui, je voudrais le steak, s'il vous plaît.

How would you like your steak?
Ha^{ou} woud you: la^{i}k yò: stè^{i}k
comment [aux. **would**] vous aimeriez votre steak
Quelle cuisson ?

Rare / medium / well done please.
rèᵉ / mi:dyæ'm / wèl dò'n pli:z
Saignant / à point / bien cuit, s'il vous plaît.

Can we have the bill please?
kà'n wi: Hàv DHe bil pli:z
pouvons nous avoir la facture s'il-vous-plaît
L'addition, s'il vous plaît.

Il n'y a pas vraiment d'équivalent pour "bon appétit" en anglais, mais on vous souhaitera :

Enjoy your meal!
è'ndjòⁱ youᵉ mi:l
prenez-plaisir-à votre repas
Bon appétit !

bill	*bil*	addition
course	*kò:ss*	plat
dessert	*dizeu:t*	dessert
main course	*mèⁱn kò:ss*	plat principal
menu	*mènyou*	carte, menu
reservation	*rèzevèⁱche'n*	réservation
starter	*sta:tᵉᵘ*	hors-d'œuvre
table	*tèⁱb'l*	table

beef	*bi:f*	bœuf
chicken	*tchike'n*	poulet
fish	*fich*	poisson
game	*guèⁱm*	gibier
lamb	*là'm*	agneau
meat	*mi:t*	viande
noodles	*nou:d'lz*	nouilles
pasta	*pàstà*	pâtes
pork	*pò:k*	porc
potatoes	*petèⁱtoᵒᵘz*	pommes de terre
poultry	*poultri*	volaille

rice	*ra^{i}ss*	riz
salad	*sàled*	salade
soup	*sou:p*	soupe
veal	*vi:l*	veau
vegetables	*vèdj-teb'lz*	légumes
vegetarian	*vèdjetèri^{e}n*	végétarien
venison	*vènisse'n*	viande de cerf

baked	*bè^{i}k'd*	cuit au four
roast	*ro^{ou}st*	rôti
fried	*fra^{i}d*	frit
rare	*rè^{e}*	saignant
medium	*mi:dyæ'm*	à point
well done	*wèl dæ'n*	bien cuit

herb	*Heu:b*	herbe aromatique
oil	*ò^{i}l*	huile
pepper	*pèp^{eu}*	poivre
salt	*sòlt*	sel
spice	*spa^{i}ss*	épice
vinegar	*vinigu^{eu}*	vinaigre

bowl	*bò^{ou}l*	bol
cutlery	*kætleri*	couverts (litt. "coutellerie")
fork	*fò:k*	fourchette
glass	*glàss*	verre
knife	*na^{i}f*	couteau
plate	*plè^{i}t*	assiette
spoon	*spou:n*	cuillère

Au pub

Aucune visite en Grande-Bretagne ne serait complète sans une **pint** *pa^{i}nt* dans un vrai pub anglais. Le mot **pub** est l'abréviation de **public house**, car traditionnellement le propriétaire habite avec sa famille – et parfois ses employés – dans

un appartement au-dessus du bar et vous accueille vraiment comme chez lui ! Une soirée dans un pub est sans doute la meilleure façon de rencontrer les Britanniques dans un lieu familier où ils sont décontractés. Le pub est un endroit bien convivial où vous pourrez goûter les bières traditionnelles anglaises – **bitters** (littéralement "amères", les *bières brunes* nommées ainsi pour leur goût un peu amer) et les *bières blondes*, **lagers**. N'attendez pas qu'un serveur vienne prendre commande à votre table, car le service se fait au bar (même pour manger), et n'hésitez pas à utiliser vos nouvelles phrases pour converser avec la personne juchée sur un tabouret à côté de vous ! La bière se sert en **pint** (une *pinte* = 0,568 l) ou **half pint** (une *demi-pinte*, donc la moitié), le vin dans des verres de 125 ml ou 250 ml et les alcools forts en mesures de 25 ml.
La Grand-Bretagne n'a pas une grande tradition viticole, mais compte un grand nombre de **wine bars**, de *bars à vins*, où l'on peut goûter à une multitude de bons vins importés du monde entier. Souvent, ces bars à vins sont en fait des pubs convertis pour attirer davantage les jeunes et les femmes.

Pour les petites faims, prendre son repas au pub est une option peu onéreuse comparé aux prix des restaurants. On y propose des repas simples et traditionnels. Tous les pubs vendent des chips (au vinaigre, entre autres) et des cacahuètes pour éponger un peu la bière ! L'âge minimum pour entrer dans ces établissements est normalement de 18 ans, mais on trouve parfois, surtout à la campagne, des pubs avec un **family room**, une *salle familiale* où les enfants sont les bienvenus. Très peu de gens boivent des boissons chaudes au pub, alors si vous commandez un café ou un thé, attendez-vous à un regard bizarre et même peut-être à un refus le soir !

I'd like a pint / half pint of ...
a[i]d la[i]k e pa[i]nt / ha:f pa[i]nt òv
Je voudrais une pinte / une demi-pinte de ...

I'd like a glass of wine / water please.
aid laik à glàss òv wain / wò:teu pli:z
Je voudrais un verre de vin / d'eau, s'il vous plaît.

beer	*bieu*	bière
bitter	*biteu*	bière brune
lager	*la:gueu*	bière blonde
shandy	*chà'ndi*	panaché
cider	*saideu*	cidre
wine	*wai'n*	vin
a soft drink	*e sòft dri'nk*	une boisson non alcoolisée
water	*wò:teu*	eau
with / without ice	*wiDH / wiDHaout aiss*	avec / sans glaçons
crisps	*krispss*	chips
peanuts	*pi:nætss*	cacahuètes

What are you doing this weekend?
wòt a: you: dou:i'ng DHiss wi:kè'nd
quoi es tu/êtes-vous en-train-de-faire ce week-end
Qu'est-ce que tu fais/vous faites ce week-end ?

We're going clubbing on Saturday night. Do you want to come?
wie goui'ng klæbi'ng ò'n sàtedèi nait. dou: you: wò'nt te kæ'm
nous sommes en-train-aller "clubber" sur samedi soir. [aux. **do**] tu veux/vous voulez venir
Nous allons en boîte, samedi soir. Tu veux / Vous voulez venir ?

Where are you going?
wèe a: you: goui'ng
où es tu en-train-aller
Où est ce que tu vas/vous allez ?

To a new club in town, it's supposed to be very good!
te e nyou klæb i'n taoun, i'tss sæpoouz'd te bi: vèri goud
à un nouveau club dans ville, c'est supposé être très bien
Dans une nouvelle boîte de nuit en ville, il paraît qu'elle est très bien !

Sounds great!
sa^ou^ndz grè^i^t
sonne génial
Ça me semble génial !

LA DRAGUE

Si les Britanniques n'ont pas la réputation d'être de grands dragueurs, les pubs sont pourtant des bons endroits pour faire des rencontres. Voici quelques **chat up lines** ("phrases de drague") classiques :

Have you got a light?
Hàv you: gòt e la^i^t
avez vous obtenu une lumière
Avez-vous du feu ?

Do you come here often?
dou: you: kæ'm Hi^e^ òf(t)e'n
[aux. **do**] vous venez ici souvent
Venez-vous souvent ici ?

Ou encore plus galant (même à la drague, les Britanniques restent polis !) :

DO YOU COME HERE OFTEN?
(Venez-vous souvent ici ?)

Can I buy you a drink?
kà'n a'ba' you: e dri'nk
peux je acheter vous une boisson
Voulez-vous boire quelque chose ?

Ou avec un peu d'humour :

I've lost my phone number, can I have yours?
a'v lòst ma' fo^ou'n næ'mb^eu kà'n a' Hàv you^ez
J'ai perdu mon numéro de téléphone, puis-je avoir le vôtre ?

Et les réponses pourront être...

I'm with my girlfriend / boyfriend.
a'm wiDH ma' gueu:lfrè'nd / bò'frè'nd
Je suis avec ma copine / mon copain.

Are you kidding?
a: you: kidi'ng
êtes vous en-train-de-plaisanter
Vous voulez rire ?

... si on s'est planté.

Dans le cas contraire...

Great!
grè't
Génial !

I'd love to!
a'd læv te
J'aimerais bien !

Mais si jamais vous vous sentez importuné...

Leave me alone!
li:v mi: àlo^ou n
Laissez-moi tranquille !

Get lost! 💣
guèt lòst
devenez perdu
Fichez le camp ! (À employer seulement si rien d'autre ne marche !)

Et un peu de vocabulaire disons "technique"...

love	*læv*	amour
in love	*i'n læv*	amoureux
kiss	*kiss*	bisou
cuddle	*kæd'l*	câlin
to stroke	*te stro^ou^k*	caresser
to make love	*te mè'k læv*	faire l'amour
to shag 💣💣	*te chàg*	baiser
contraceptive	*kò'ntrœssèptiv*	contraceptif
pill	*pill*	pilule
condom	*kò'ndò'm*	préservatif
pregnant	*prèg-ne'nt*	enceinte
penis	*pi:ness*	penis
vagina	*vàdja'nà*	vagin

MAIS QU'EST-CE QUE LA GRANDE-BRETAGNE ?

La Grande-Bretagne est une île qui comprend l'Angleterre, l'Écosse et le Pays de Galles.
Quant à l'État, son nom officiel est "Royaume Uni de Grande-Bretagne et d'Irlande du Nord" – **United Kingdom of Great Britain and Northern Ireland**. Le Royaume-Uni comprend donc la Grande-Bretagne et l'Irlande du Nord. Dans la pratique cependant, "britannique" peut s'appliquer à tout ce qui concerne le Royaume-Uni.
Très schématiquement, on peut dire que le Pays de Galles est sous le contrôle de Londres depuis le XVIe siècle. L'Écosse, quant

à elle, resta une monarchie indépendante jusqu'au XVIIIe siècle. Cependant, les deux "pays" ont aujourd'hui encore leur propre parlement ou assemblée, avec des pouvoirs limités certes, mais qui aboutissent à des différences de fonctionnement, notamment pour ce qui est de l'éducation et du système juridique. Les Écossais ont conservé des liens très forts avec leur culture celte. Ils se sentent souvent écossais d'abord, britanniques ensuite. Les Gallois sont eux aussi très fiers de leurs racines celtes, et le gallois reste langue officielle du Pays de Galles, à côté de l'anglais. L'Irlande, quant à elle, est une île partagée entre la République d'Irlande, totalement indépendante de la couronne britannique depuis 1921, et l'Irlande du Nord, qui fait partie du Royaume-Uni.

Le Royaume-Uni est une monarchie parlementaire. De ce fait, Elizabeth II, reine depuis 1952, est le chef officiel du pouvoir exécutif. Dans la pratique, on peut dire cependant que le Premier ministre et le Parlement dirigent les affaires du royaume au nom de Sa Majesté. La reine doit donner son accord sur toute nouvelle loi. Elle peut convoquer le Parlement, et même le dissoudre. Le Parlement comprend deux chambres : la Chambre des Communes et la Chambre des Lords. Ces deux chambres doivent elles aussi donner leur accord avant qu'une loi soit promulguée.

Great Britain	*grèit britèin*	Grande-Bretagne
United Kingdom	*younaited ki'ngde'm*	Royaume-Uni
England	*i'ngle'nd*	Angleterre
Scotland	*skòtle'nd*	Écosse
Wales	*wèilz*	Pays de Galles
Northern Ireland	*nò:DHeu'n aiele'nd*	Irlande du Nord
Republic of Ireland	*ripæblik òv aiele'nd*	République d'Irlande
Chamber of Commons	*tchèimbeu òv kòme'nz*	Chambre des Communes

Chamber of Lords	*tchèⁱmbeu òv lò:dz*	Chambres des Lords
crown	*kraoun*	couronne
government	*gæve'nm'nt*	gouvernement
parliament	*pa:lem'nt*	parlement
queen	*kwi:n*	reine

LE NORD DE L'ANGLETERRE

Le Nord de l'Angleterre est souvent méconnu des touristes étrangers. Pourtant, on peut encore y découvrir des endroits superbes, à l'écart des grands centres touristiques.

Les magnifiques parcs nationaux comme le **Lake District**, *la région des lacs* ou le **Peak District**, *la région des pics* sont parfaits pour les randonneurs et les amateurs de bateau. Par ailleurs, de grandes villes comme Leeds, Nottingham et Manchester sont en train de perdre leur réputation de villes industrielles tristes ; après la fermeture des mines et des aciéries, pendant les années 80, et la période de dépression économique qui en a découlé, elles connaissent une belle renaissance depuis l'arrivée des nouvelles industries de technologie et de communication. Grâce à la modernisation des centre-villes et des systèmes de transports, elles n'ont plus rien à envier à Londres, que ce soit au niveau des magasins, des restaurants ou des boîtes de nuit. Plus petites et plus chaleureuses que Londres, ces villes universitaires accueillent des milliers d'étudiants qui leur apportent en retour une ambiance jeune et vivante. Nottingham est aussi la ville du légendaire **Robin Hood**, *Robin des Bois*. Vous pourrez marcher sur ses pas dans la **Sherwood Forest**, *forêt de Sherwood*, ou dans le **Nottingham Castle**, *château de Nottingham*. Et pour remonter le temps de manière encore plus concrète, vous pourrez même y déguster un repas médiéval !

Si vous passez dans la région, ne manquez pas la charmante ville de York, dont le centre-ville a été méticuleusement restauré et qui conserve ses remparts, ses rues pavées, ses maisons à colombages et une impressionnante cathédrale. La spécialité de York est le **fudge** *fædj*, sorte de caramel fondant et moelleux, fabriqué par de vrais artisans et que vous n'aurez pas de mal à trouver dans les nombreux petits magasins de bonbons de la ville.

On considère que les **Northerners**, *gens du Nord* sont plus ouverts et plus accueillants que leurs cousins du Sud. C'est sans doute vrai, mais au nord il faut s'habituer à leur accent et à leur tendance à couper les mots… Quelques exemples : **you** devient souvent **y'**, **the** ou **to the** devient **t'**, et **going** est souvent remplacé par un simple **off**. Ainsi, une phrase comme **Are you going to the pub?**, *Est-ce que tu vas/vous allez au pub ?*, devient **Y'off t'pub?** *yòf t'pæb*… Au début, on doit dresser l'oreille, mais on s'y fait vite. Et puis ne vous inquiétez pas, les gens feront l'effort de parler correctement s'ils voient que vous avez du mal à comprendre.

La campagne

boating	*bo^{ou}ti'ng*	faire du bateau
cave	*kè^{i}v*	caverne, grotte
climbing	*kla^{i}mi'ng*	faire de l'escalade
cottage	*kòtidj*	petite maison de campagne, chaumière
farm	*fa:m*	ferme
field	*fi:ld*	champ
hiking	*Ha^{i}ki'ng*	faire de la randonnée
hill	*Hil*	colline
lake	*lè^{i}k*	lac
cow	*ka^{ou}*	vache
duck	*dæk*	canard

goat	*go^{ou}t*	chèvre
hen	*Hè'n*	poule
horse	*Hò:ss*	cheval
sheep	*chi:p*	mouton

LE SUD DE L'ANGLETERRE

Les alentours de Londres ont eux aussi beaucoup d'attraits. Les villes historiques de Cambridge et Oxford, où les collèges datant du XVIIIe s. offrent parmi les plus beaux exemples de l'architecture britannique, sont restées très vivantes et méritent qu'on s'y arrête. Et si vous êtes à Cambridge, faites un petit détour de quelques kilomètres pour visiter la très belle cathédrale de la petite ville d'**Ely**.

À **Stonehenge** *sto^{ou}nHè'nj*, vous découvrirez un extraordinaire ensemble mégalithique, formé de menhirs hauts de 3 à 6 mètres, que nous ont laissé en héritage nos ancêtres d'il y a 4 000 ans.

L'ancien *palais royal de Hampton Court* (**Hampton Court Palace** *Hà'mpte'n ko:t pàless*), au sud-ouest de Londres, et le *château de Windsor* (**Windsor Castle** *wi'nz^{eu} ka:ss'l*) – une des résidences favorites de la famille royale – situé sur la Tamise en amont de Londres, apportent le témoignage d'un passé plus récent mais non moins intéressant.

Dans le Kent, à l'est de Londres, la cathédrale de la ville de Canterbury est sans doute le plus célèbre édifice religieux d'Angleterre.

Et puis, si vous avez des enfants, essayez un des parcs d'attractions à l'anglaise, comme **Chessington**, **Thorpe Park** ou **Alton Towers**, où les manèges et les montages russes vous attendent !

Le Sud de l'Angleterre, est le meilleur endroit pour découvrir les stations balnéaires anglaises. La côte du Devon a même été surnommée "**English Riviera**", en raison de ses kilomètres de sable fin et de ses demeures élégantes du bord de mer. Vous y prendrez un peu de repos, construirez de beaux châteaux (anglais) de sable et pourrez y déguster des glaces délicieuses. Mentionnons également, pour les touristes en herbe, les promenades à dos d'âne.

La plage

beach	*bi:tch*	plage
bucket	*bækit*	sceau
candy floss	*kà'ndi flòss*	barbe à papa
deckchair	*dèktchè[e]*	chaise longue
dinghy	*di'ngui*	bateau gonflable
donkey ride	*dò'ngki ra[i]d*	promenade à dos d'âne
sand	*sà'nd*	sable
sandcastle	*sà'ndka:ss'l*	château de sable
sea	*si:*	mer
spade	*spè[i]d*	pelle
to sunbathe	*te sæ'nbè[i]DH*	se faire bronzer
to paddle	*te pàd'l*	faire trempette

DONKEY RIDE
(promenade à dos d'âne)

to swim	*te swi'm*	nager
ice cream	*a'ss kri:m*	glace
flavour	*flèiveu*	parfum (de glace), goût
cherry	*tchèri*	cerise
chocolate	*tchòkle't*	chocolat
coconut	*koouкònæt*	noix de coco
peach	*pi:tch*	pêche
strawberry	*strò:beri*	fraise
vanilla	*venilà*	vanille

L'ÉCOSSE

Ce pays foisonnant de mythes et de légendes – de William Wallace (qui monta une révolution contre les Anglais au XIIIe s.) au monstre du Loch Ness – regorge de paysages d'une incroyable beauté. Ses montagnes enneigées, ses lacs inquiétants et tranquilles comme des miroirs d'eau sombre et ses châteaux plein d'histoire sont à voir absolument. En Écosse, vous tenterez de repérer le mythique monstre du Loch Ness, ferez de longues randonnées à travers les Highlands, observerez les *baleines,* **whales** *wèilz*, et les *dauphins,* **dolphins** *dòlfi'nz*, au large des côtes sauvages…

Les Écossais sont fiers de leur patrimoine et la culture celte est fortement présente dans leurs coutumes. Les traditions sont très respectées : des hommes en kilt qui jouent de la cornemuse accompagnent la fête de **Hogmany** *Hògmenèi* (le 31 décembre) et tout le monde boit du très bon whisky, écossais bien sûr ! La capitale, Édimbourg, magnifiquement entourée de rochers escarpés, est le siège culturel du pays avec, entre autres, de nombreux musées, le Parlement écossais et le château royal de **Holyrood** *Hoouliroud*. La ville accueille en août de chaque année des milliers de personnes venues assister au très célèbre festival de musique, de danse et de théâtre, le Festival International d'Édimbourg.

Les eaux écossaises sont un peu fraîches pour se baigner, mais la qualité du poisson et des fruits de mer est excellente. Les restaurants savent exactement comment mettre ces pêches en valeur. Ne quittez pas l'Écosse sans goûter au traditionnel **haggis and tatties** (estomac de brebis farci, servi avec des pommes de terre), au **porridge** (bouillie d'avoine au lait) et au **black pudding** (boudin noir) !

black pudding	*blàk poudi'ng*	boudin noir
fresh water	*frèch wò:t^{eu}*	eau douce
haggis	*Hàguiss*	estomac de brebis farci
halibut	*Hàlibe't*	flétan
lobster	*lòbst^{eu}*	homard
mussels	*mæsselz*	moules
oysters	*o^{i}st^{eu}z*	huîtres
porridge	*pòridj*	bouillie d'avoine au lait
river	*riv^{eu}*	rivière
salmon	*sàme'n*	saumon
sea	*si:*	mer
shell fish	*chèl fich*	fruits de mer

La prononciation écossaise est marquée par les sons gutturaux comme le **-ch** de **loch** et les **-r** roulés. Presque tous les Écossais ont ce fort accent (que l'on adore, une fois qu'on s'y est habitué). Quant à vous, vous serez parfaitement compris en Écosse avec l'anglais de ce manuel de conversation et le petit accent qui sera le vôtre !

Have you ever seen the Loch Ness Monster?
hàv you: èv^{eu} si:n DHe lòH nèss mò'nst^{eu}
avez vous jamais vu le Loch Ness monstre
Avez-vous déjà vu le monstre du Loch Ness ?

No, but my friend has.
no^{ou} bæt ma^{i} frè'nd Hàz
non mais mon ami a
Non, mais mon ami l'a vu.

Really?
ri:li
Vraiment ?

He says so, but he drinks a lot of whisky!
hi: <u>sè</u>^{i}<u>z</u> so^{ou} bæt hi: dri'nkss à lòt òv <u>wis</u>ki
il dit tel mais il boit beaucoup de whisky
Il le dit, mais il boit beaucoup de whisky !

Les **Western Iles**, tout au nord du pays, sont les derniers bastions de la langue gaélique des anciens Écossais, mais quelques mots ou expressions subsistent. Voici les plus courants :

aye	*a^{i}*	oui
wee	*wi:*	petit
bonny	*<u>bò</u>ni*	joli/e
Ceilidh	*<u>kè</u>^{i}lit*	bal folklorique
dram	*drà'm*	petit verre de whisky
loch	*loH*	lac (prononcez ce *H* en râclant la gorge)
glen	*glè'n*	vallée
kirk	*keu:k*	église

LONDRES

Londres est sans doute la plus cosmopolite des capitales européennes. Riche de 2000 ans d'histoire et de ses quelque huit millions d'habitants qui parlent en tout plus de deux cents langues, elle forme aujourd'hui un creuset de cultures qui fait d'elle un lieu dynamique et fascinant.
"Si vous êtes fatigué de Londres, c'est que vous êtes fatigué de la vie." Cette phrase de l'écrivain Samuel Johnson n'a jamais été aussi vraie.

Monuments et musées

Avec près de deux cents musées et galeries d'art, Londres est aussi une ville de culture. Subventionnées par les fonds du loto national, la plupart des collections de l'État ont récemment bénéficié de travaux de rénovation impressionnants. Que vous soyez amateur ou simplement curieux , vous pourrez vous en donner à cœur joie, car les visites y sont maintenant gratuites. Ne manquez en aucun cas le **British Museum**, qui renferme l'une des plus belles collections d'antiquités du monde, et la Tour de Londres, témoin de 900 ans d'histoire où vous pourrez découvrir les très précieux joyaux de la couronne !
Un tour sur la grande roue – le **London Eye** – vous révélera un horizon rempli de trésors architecturaux connus dans le monde entier : l'abbaye de Westminster, la cathédrale de St Paul et bien sûr le Palais de Buckingham.
S'il fait beau (il n'y a pas toujours du brouillard !), une croisière sur la Tamise vous permettra d'apprécier la nouvelle vague d'architecture moderne, grâce à laquelle d'anciennes usines sinistres, situées au bord du fleuve, ont pu se transformer en lieux branchés, comme par exemple le **Tate Modern** et l'**Oxo Tower**.

British Museum	*britich myouzi: æ'm*	Musée britannique
Buckingham Palace	*bæki'ngHàm pàless*	Palais de Buckingham
Houses of Parliament	*Ha^{ou}ssèz òv pa:l^{eu}m'nt*	Maison du Parlement
National Gallery	*nàch'næl gàleri*	Galerie nationale
St. Paul's Cathedral	*sè^{i}n't pò:lz kàTHi:dr^{eu}l*	Cathédrale St Paul
Tate Britain	*tè^{i}t britæ'n*	Musée d'art britannique Tate
Tate Modern	*tè^{i}t mòdeu:n*	Musée d'art moderne Tate
Tower of London	*taw^{eu} òv læ'nde'n*	Tour de Londres

Trafalgar Square	*tràfàlgu[eu] skwè[e]*	Place Trafalgar
Westminster Abbey	*wèstmi'nst[eu] àbi*	Abbaye de Westminster

One adult and two child tickets please.
wæ'n àdælt à'nd tou: tcha[i]ld tikètss pli:z
un adulte et deux enfant billets s'il-vous-plaît
Une place adulte et deux places enfant, s'il vous plaît.

Is the exhibition included in the ticket price?
iz DHi èksibiche'n i'nklou:did i'n DHe tikèt pra[i]ss
est la exposition compris dans le billet prix
Est-ce que l'exposition est comprise dans le prix des billets ?

Fashion victim (*victime de la mode*) ?

Les accros du shopping ne seront pas déçus. Dans les petites boutiques de **Covent Garden**, vous découvrirez une grande diversité de vêtements aux styles très originaux créés par ces jeunes designers qui font la pluie et le beau temps dans la **fashion** *fàche'n* (*mode*) britannique. N'oubliez pas de faire un tour dans les grands magasins : **Harrods** et **Selfridges** sont de vraies Mecques de la mode. Et puis, ne quittez pas la ville sans avoir fait un tour aux puces : osez une petite folie à **Camden** ou un coup de foudre à **Notting Hill** !

shop	*chòp*	magasin, boutique
department store	*dipa:tme'nt stò:*	grand magasin
market	*ma:kèt*	marché
flea market	*fli: ma:kèt*	marché aux puces
antiques	*à'nti:kss*	objets d'art, meubles anciens
clothes	*klo[ou]DHz*	vêtements

(Voir aussi la rubrique ***Shopping***.)

Un petit tour au parc

Les poumons de Londres sont, entre autres, le **Royal St James' Park** et le vaste **Hampstead Heath**, des lieux typiquement britanniques où les Londoniens aiment se promener avec leur chien ou pique-niquer sur la pelouse, à l'heure du déjeuner – une pelouse qui n'est habituellement pas "interdite", mais au contraire accueillante pour le football ou le frisbee… sauf quand il pleut !

park	*pa:k*	parc
garden	*ga:de'n*	jardin
picnic	*pik'nik*	pique-nique
picnic table	*pik'nik tè^ib'l*	table de pique-nique
grass	*gràss*	herbe
lawn	*lò:n*	pelouse
Keep off the Grass!	*ki:p òf DHe gràss*	Pelouse interdite !
lake	*lè^ik*	lac

Pour les noctambules

La nuit, on ne s'ennuie jamais. Tout est possible : manger dans un restaurant de luxe à trois étoiles Michelin ou opter pour un curry pas cher dans un petit restaurant indien… Ensuite, selon l'humeur du jour, on peut prendre une bonne bière dans un pub traditionnel ou danser jusqu'au petit matin dans une boîte de nuit branchée. Faites votre choix entre la **Brit pop** ou le **Brit rock**, car la musique anglaise prévaut partout, dans les salles londoniennes. Pour une soirée plus calme, rendez-vous au quartier des théâtres – les tragédies de Shakespeare se jouent toujours, à côté des comédies musicales d'Andrew Lloyd Webber.

restaurant	*rèstrò'nt*	restaurant
pub	*pæb*	pub
concert	*kò'nseu:t*	concert

night club	*na'it klæb*	boîte de nuit
cinema	*sinemà*	cinéma
theatre	*THi:àteu*	théâtre
musical	*myouzik'l*	comédie musicale

(Voir aussi la rubrique ***Manger et boire***.)

Se déplacer à Londres

"Mind the gap!" *ma'nd DHe gàp* est un refrain que vous entendrez beaucoup, si vous fréquentez **The Tube**. Entendez-le comme "Attention à l'espace (entre le train et le quai) !". Prendre **The Tube**, le *métro* le plus vieux du monde, est sans aucun doute la façon la plus rapide pour se déplacer dans cette capitale très étendue. Demandez un plan aux guichets, et souvenez-vous que chacune des 12 lignes relie deux des points cardinaux (nord-sud ou est-ouest). À l'unité, les billets reviennent très cher, alors optez plutôt pour une **Travelcard** *tràvelka:d*, litt. "carte de voyage" qui, moyennant une somme forfaitaire, vous permettra de voyager à votre gré toute une journée ou la durée d'un week-end. Les **Travelcards** sont également valables pour les trajets en bus – une façon très agréable de se déplacer quand on est moins pressé. Montez au premier étage d'un de ces fameux bus rouges, et vous verrez la ville "d'en haut".

Pour plus de confort, vous choisirez un **black cab** *blàk kàb*, un grand taxi noir comme on en trouve partout en centre-ville. Ces taxis sont relativement peu coûteux et très spacieux… et n'oubliez pas de demander à votre chauffeur lesquelles, parmi les grandes stars, ont pris place sur sa banquette arrière !

Quoi qu'il en soit, faites comme les Londoniens : abandonnez la voiture et prenez les transports en commun, car la circulation est très dense. De plus, les places de parking sont rares et chères, et vous devrez payer une taxe de circulation, si vous roulez en centre-ville !

Which direction do I take for the station...?
witch dirèkche'n dou: a^{i} tè^{i}k fò: DHe stè^{i}che'n
quelle direction [aux. **do**] je prends pour la station
Quelle direction dois-je prendre pour me rendre à la station ... ?

Where is the nearest Underground station?
wè^{e} iz DHe ni:rest æ'ndegra^{ou}nd stè^{i}che'n
où est la plus-proche sous-terraine station
Où se trouve la station de métro la plus proche ?

I'd like a One Day Travelcard for zones 1 and 2 please.
a^{i}d la^{i}k e wæ'n dè^{i} tràvelka:d fò: zo^{ou}nz wæ'n à'nd tou: pli:z
j'aimerais une un jour carte-de-voyage pour zones 1 et 2 s'il-vous-plaît
Je voudrais une carte forfaitaire d'une journée pour les zones 1 et 2, s'il vous plaît.

Is this train going north or south?
iz DHiss trè^{i}n go^{ou}i'ng nò:TH ò: sa^{ou}TH
est ce train en-train-d'aller nord ou sud
Ce train va-t-il vers le nord ou vers le sud ?

Does this bus stop at ... ?
dæz DHiss bæss stòp àt
[aux. **do**] ce bus arrête à
Est-ce que ce bus s'arrête à ... ?

Where can I get a cab?
wè^{e} kà'n a^{i} guèt e kàb
où puis je obtenir un taxi
Où puis-je trouver un taxi ?

Is there a night bus to ...?
iz DHèe e nait bæss te
est là un nuit bus pour
Y a-t-il un bus de nuit pour ... ?

WHERE CAN I GET A CAB?

(Où puis-je trouver un taxi ?)

the Tube / the Underground	*DHe t'ou:b / DHi: æ'ndegra^ou'nd*	le métro londonien
north	*nò:TH*	nord, en direction du nord
south	*sa^ouTH*	sud, en direction du sud
east	*i:st*	est, en direction de l'est
west	*wèst*	ouest, en direction de l'ouest
One Day Travelcard	*wæ'n dè^i tràvelka:d*	carte forfaitaire d'une journée
Weekend Travelcard	*wi:kè'nd tràvelka:d*	carte forfaitaire pour le week-end
Family Travelcard	*fàmili tràvelka:d*	carte forfaitaire familiale
carnet	*ka:nè^i*	carnet de 10 billets (centre-ville)
double decker bus	*dæb'l dèk^eu bæss*	bus à double étage
night bus	*na^it bæss*	bus de nuit
black cab	*blàk kàb*	taxi noir

LE SPORT

Très peu de choses attisent les passions des Britanniques autant que le sport. Ici, le flegme britannique est laissé au vestiaire ! Les grands sports nationaux – le football, le rugby et le cricket – sont pratiqués à tous niveaux, des écoliers aux grands professionnels, et ceux qui ne jouent pas sont forcément fans d'une équipe. En hiver, goûtez l'ambiance électrique des grands matches de rugby ou de football ; en été, prenez le temps d'assister à un match de cricket. Préparez-vous, un match peut durer cinq jours ! Mais ne vous inquiétez pas, vous ne mourrez pas d'inanition, puisque le match s'interrompt à l'heure du thé.
Et si vous êtes **in the mood** (littéralement "dans l'humeur"), mettez votre plus beau chapeau et tentez de faire fortune lors d'une grande course de chevaux, ou bien dégustez un **strawberries and cream** *strooubériz à'nd kri:m*, *fraises à la crème*, au tennis, à Wimbledon.

football ground	*foutbò:l graound*	terrain de football
golf course	*gòlf kò:ss*	terrain de golf
gym	*dji'm*	gymnase, salle de musculation
match	*màtch*	match
seat	*si:t*	siège
sports centre	*spò:tss sè'nteu*	centre de sport
stadium	*stèidyæm*	stade
standing	*stà'ndi'ng*	place debout
swimming pool	*swimi'ng pou:l*	piscine
tennis court	*tèniss kò:t*	court de tennis
ticket	*tikèt*	billet, ticket

Can I hire tennis rackets?
kà'n ai haieu tèniss ràkètss
Puis-je louer des raquettes de tennis ?

How much are seats for Saturday's match?
Ha[ou] mætch a: si:tss fò: sàtedè[i]z màtch
combien beaucoup sont sièges pour le samedi-de match
Combien coûtent les places pour le match de samedi ?

AU TÉLÉPHONE

Chez soi, **Hello** reste la formule la plus courante lorsqu'on décroche. Mais dans le monde du travail, la personne qui décroche décline généralement son identité. Au standard d'une entreprise, on annonce bien sûr le nom de la société avant de vous demander si on peut vous renseigner. Il est souvent difficile de comprendre et de se faire comprendre au téléphone, alors voici quelques phrases pour vous aider :

Hello…
Hèlo[ou]
Allô…

Good morning, Gill speaking.
goud mò:ni'ng djil spi:ki'ng
Bonjour, Gill à l'appareil.

I'd like to speak to …
a[i]d la[i]k te spi:k te
J'aimerais parler avec …

Please hold the line.
pli:z Ho[ou]ld DHe la[i]n
Ne quittez pas.

Can I help you?
kà'n a[i] Hèlp you:
Puis-je vous aider ?

Can I have the number for…?
kà'n a[i] Hàv DHe næ'mb[eu] fò:
Puis-je avoir le numéro pour… ?

Please press 1 for…
pli:z prèss wæ'n fò:
Tapez 1 pour…

The line is engaged.
DHe la[i]n iz i'nguè[i]dj'd
La ligne est occupée.

mobile phone	*<u>mo</u>^{ou}ba^{i}l fo^{ou}n*	téléphone portable
phone box	*fo^{ou}n bòkss*	cabine téléphonique
phone call	*fo^{ou}n kò:l*	appel téléphonique
to dial	*te da^{i}l*	composer un numéro

L'usage des portables est très courant (mais interdit au volant) et vous aurez la possibilité d'en louer un dès votre arrivée sur le sol britannique, à l'aéroport. Pourtant, les fameuses cabines téléphoniques rouges existent encore (bien qu'elles soient devenues moins courantes que les cabines modernes grises). Elles prennent parfois des pièces de monnaie, mais plus souvent les cartes téléphoniques ou les cartes de crédit. Les cartes téléphoniques s'achètent dans les kiosques et il existe aussi des cartes pour appeler à l'étranger. Et puis sachez aussi qu'en Grande-Bretagne, un seul numéro sert pour toutes les urgences (police, pompiers, ambulances) : le **999** *na^{i}'n na^{i}'n na^{i}'n*, appel gratuit de n'importe quel téléphone.

À LA POSTE

Les timbres s'achètent partout où l'on trouve des cartes postales : dans les bureaux de poste, dans les kiosques et les papeteries. Il existe deux tarifs pour l'intérieur de la Grande-Bretagne – le **first class**, plus rapide, et le **second class**, un peu moins rapide. Il y a aussi un tarif pour l'Europe et plusieurs tarifs pour le reste du monde.

Five first class stamps please.
fa^{i}v feu:st klàss stà'mpss pli:z
cinq première classe timbres s'il-vous-plaît
Cinq timbres tarif rapide ("première classe"), s'il vous plaît.

Two Europe stamps please.
tou: <u>you</u>rep stà'mpss pli:z
deux Europe timbres s'il-vous-plaît
Deux timbres pour l'Europe, s'il vous plaît.

I'd like to send this parcel to Canada please.
a^{i}'d la^{i}k te sè'nd DHiss pa:ssel te kànàdà pli:z
Je voudrais envoyer ce colis au Canada, s'il vous plaît.

Can I send this letter by recorded delivery?
kà'n a^{i} sè'nd DHiss lèt^{eu} ba^{i} rèkò:did dèliveri
puis je envoyer cette lettre par enregistrée livraison
Puis-je envoyer cette lettre en recommandé ?

L'INTERNET

Les Britanniques sont en général très technophiles. Dans les grandes villes, vous trouverez sans problème des **internet cafes** où vous pouvez surfer librement, en étant facturé à la minute. Souvent, on peut aussi se connecter dans les bibliothèques et les bureaux de poste.

computer	*kò'mpyout^{eu}*	ordinateur
connection	*kònèkche'n*	connexion
disk	*disk*	disquette
email	*i:mè^{i}l*	courrier électronique
internet cafe	*i'ntenèt kàfè^{i}*	cybercafé
keyboard	*ki:bò:d*	clavier
mouse	*ma^{ou}ss*	souris
printer	*pri'nt^{eu}*	imprimante
screen	*skri:n*	écran

How much is it for half an hour?
Ha^{ou} mætch iz it fò: hà:f à'n aw^{eu}
combien beaucoup est ce pour demi une heure
Combien ça coûte pour une demi-heure ?

How much is it to print?
Ha^{ou} mætch iz it te pri'nt
combien beaucoup est ce pour imprimer
Combien ça coûte pour imprimer ?

Twenty pence per page.
twè'nti pènss peu: pè'dj
Vingt pence par page.

LES MÉDIAS

En Grande-Bretagne, les médias se sont implantés il y a fort longtemps. La BBC (**British Broadcasting Corporation**), connue dans le monde entier, est financée par l'État mais reste entièrement indépendante du gouvernement. Elle possède deux chaînes de télévision, et ses émissions – en particulier les reportages – sont vendues et diffusées dans de nombreux pays. Il existe aussi trois chaînes privées terrestres et une centaine d'autres sur le réseau digital.
La chaîne de radio phare de la BBC, **World Service**, est diffusée partout dans le monde, dans 43 langues différentes. La prononciation standard de l'anglais (**received pronunciation**) a même été surnommée "**BBC English**", car les présentateurs y ont, paraît-il, la meilleure prononciation de la langue ! Nous vous recommandons vivement d'écouter la radio ou de regarder la télévision pour améliorer votre compréhension et votre accent.

Quant aux journaux, ils sont bien entendu nombreux. Jetez-y un coup d'œil – ils vous permettront de mieux connaître l'esprit britannique, et la presse régionale vous renseignera sur les événements culturels dans la région où vous vous trouvez.

book	*bouk*	livre
channel	*tchànel*	chaîne
cinema	*sinemà*	cinéma
film	*film*	film
magazine	*màgàzi:n*	magazine
musical	*myouzik'l*	comédie musicale
newspaper	*nyouzpe'p^eu*	journal
programme	*pro^ougrà'm*	émission

radio	*rèⁱdio^{ou}*	radio
television	*tèlèvije'n*	télévision
TV	*ti:-vi:*	télé
theatre	*THiète^u*	théâtre

LA SANTÉ

On ne sait jamais, peut-être serez-vous content de connaître quelques phrases pour vous débrouiller chez le médecin ou à la pharmacie. Le **National Health Service** (NHS), *service national de la santé*, gouverne tous les services publics, et les visites aux urgences sont gratuites tant pour les Britanniques que pour les ressortissants de l'Union européenne. Les généralistes regroupent souvent leurs cabinets et emploient parfois des infirmières, de manière à pouvoir fournir un service très complet. Pour les petits problèmes de santé, vous pouvez aussi consulter les pharmaciens. On trouve des pharmacies en centre-ville, mais aussi dans les grands supermarchés.

Pour tout renseignement concernant les services de santé, le NHS met à disposition un numéro de téléphone national pour répondre à toutes vos questions, le 08 45 46 47. Pour les cas d'urgences (police, pompiers, ambulances) faites le **999** *naⁱ'n-naⁱ'n-naⁱ'n*, ou encore le **112** (valable dans toute l'Europe), appel gratuit de n'importe quel téléphone.

Rassurez-vous, en français et en anglais, le jargon médical est pratiquement le même. Souvent, il suffit juste de modifier l'accent !

I need to see a doctor.
aⁱ ni:d te si: e dòkt^{eu}
J'ai besoin de voir un médecin.

I have a headache / stomach ache.
aⁱ Hàv e Hèdèⁱk / stæmek èⁱk
je ai une tête-douleur / estomac douleur
J'ai mal à la tête / à l'estomac.

I have a cold.
a^{i} Hàv e ko^{ou}ld
je ai un froid
J'ai un rhume.

My neck / leg hurts.
ma^{i} nèk / lèg Heu:tss
mon cou / ma jambe fait-mal
J'ai mal au cou / à la jambe.

Do you have anything for diarrhoea?
dou: you: Hàv èniTHi'ng fò: da^{i}e'ri:^{eu}
[aux. **do**] vous avez quelque-chose pour diarrhée
Avez-vous quelque chose contre la diarrhée ?

I HAVE A COLD.
(J'ai un rhume.)

Les parties du corps

head	*Hèd*	tête
face	*fè^{i}ss*	visage
eye	*a^{i}*	œil
nose	*no^{ou}z*	nez
ear	*i:^{eu}*	oreille
mouth	*ma^{ou}TH*	bouche
tooth (plur. **teeth**)	*tou:TH (ti:TH)*	dent (dents)

appendix	*epè'ndikss*	appendice
arm	*a:m*	bras
back	*bàk*	dos
bone	*bo^{ou}n*	os
chest	*tchèst*	poitrine
finger	*fi'ngu^{eu}*	doigt
foot (plur. **feet**)	*fout (plur. fi:t)*	pied (pieds)
hand	*Hà'nd*	main
heart	*ha:t*	cœur
knee	*ni:*	genou
leg	*lèg*	jambe
lung	*læ'ng*	poumon
muscle	*mæssel*	muscle
neck	*nèk*	cou
shoulder	*cho^{ou}ld^{eu}*	épaule
skin	*ski'n*	peau
stomach	*stæmàk*	estomac

Quelques termes utiles

Le terme officiel pour *les urgences* est **accident and emergency** *àksidè'nt à'nd imeu:dje'nsi* – c'est ce que l'on trouve écrit sur le panneau du service en question, dans les hôpitaux. Dans le langage courant, on dit simplement **casualty** *kàj^{ou}elti*.

ambulance	*à'mbyoule'nss*	ambulance
chemist / pharmacy	*kèmist / fa:messi*	pharmacie
dentist	*dè'ntist*	dentiste
doctor	*dòkt^{eu}*	médecin
GP	*dji:-pi:*	généraliste
hospital	*Hòspit'l*	hôpital
nurse	*neu:ss*	infirmière

to be …	*te bi:*	être …
allergic to …	*eleu:djik te*	allergique à …
broken	*broouke'n*	cassé
burnt	*beu:nt*	brûlé
catching / infectious	*kàtchi'ng / infèkchess*	contagieux
hurt / injured	*heu:t*	blessé
ill	*ill*	malade
pregnant	*prèg-ne'nt*	enceinte
to breathe	*te bri:DH*	respirer
to have a temperature	*te Hàv e tèmpritcheu*	avoir de la fièvre
to vomit	*te vòmit*	vomir
blood	*blæd*	sang
cold	*koould*	rhume
diarrhoea	*daieri:eu*	diarrhée
examination	*ègzàminèiche'n*	examen
filling	*fili'ng*	plombage
flu	*flou:*	grippe
fracture	*fràktcheu*	fracture
illness / disease	*ilness / dizi:z*	maladie
infection	*i'nfèkche'n*	infection
injection	*i'ndjèkche'n*	piqûre
medicine	*mèdsi'n*	médicament
nausea	*nò:zieu*	nausée
pain	*pèin*	douleur
prescription	*prèskripche'n*	ordonnance
tablet / pill	*tàblet / pil*	comprimé / pilule
treatment	*tri:tme'nt*	traitement
x-ray	*èkss-rèi*	radiographie

LA POLICE

La Grande-Bretagne n'est pas un pays dangereux mais, comme partout, les petits délits existent. Alors attention à vos effets personnels en ville et surtout dans les transports londoniens, où les pickpockets travaillent en gangs très organisés. Si vous avez la malchance de vous faire dévaliser, contactez la police et/ou votre consulat. Voici les phrases clés pour vous aider :

My camera has been stolen.
ma[i] kàm'rà Hàz bi:n sto[ou]le'n
mon appareil photo a été volé
On m'a volé mon appareil photo.

I have been attacked.
a[i] Hàv bi:n àtàk'd
J'ai été agressé.

Please call the police!
pli:z kò:l DHe peli:ss
S'il vous plaît, appelez la police !

I need to contact my consulate / embassy.
a[i] ni:d te kò'ntàkt ma[i] kò'nsyoule't / è'mbessi
J'ai besoin de contacter mon consulat / ambassade.

Where is the nearest police station?
wè[e] iz DHe ni:rest peli:ss stè[i]che'n
où est la plus-proche police station
Où se trouve le commissariat le plus proche ?

insurance	*i'nchoure'nss*	assurance
lawyer	*lò:-y[eu]*	avocat
lost property office	*lòst pròpeti òfiss*	bureau des objets trouvés

police officer	*peli:ss òfiss[eu]*	policier
police report	*peli:ss ripò:t*	rapport de police
police station	*peli:ss stè[i]che'n*	commissariat
thief	*THi:f*	voleur
witness	*witness*	témoin

I have lost my ...
a[i] Hàv lò:st ma[i]
J'ai perdu mon/ma/mes ...

camcorder	*kà'mkò:d[eu]*	caméra vidéo
driving licence	*dra[i]vi'ng la[i]sse'nss*	permis de conduire
handbag	*Hà'ndbàg*	sac à main
identity card	*a[i]dè'ntiti ka:d*	carte d'identité
keys	*ki:z*	clés
luggage	*læguidj*	bagage
passport	*pa:sspò:t*	passeport
purse	*peu:ss*	porte-monnaie
suitcase	*sou:tkè[i]ss*	valise
wallet	*wòlet*	portefeuille
mother in law	*mæDH[eu] i'n lò:*	belle-mère

BIBLIOGRAPHIE

Littérature

La littérature britannique est riche et variée. La plupart des auteurs ont été traduits en français, et il y en a pour tous les goûts.

Faites un tour à la bibliothèque la plus proche et feuilletez. Si vous avez envie d'explorer le passé, pourquoi ne pas vous plonger dans Shakespeare ? Ses pièces n'ont rien d'insipide, bien au contraire !

Si vous préférez découvrir la Grande-Bretagne à travers les œuvres d'auteurs plus récents, lisez Jane AUSTEN (*Orgueil et préjugé*, 1813), George ELIOT – pseudonyme de Mary Ann EVANS– (*Le Moulin sur la Floss*, 1860 ; *Middlemarch, étude de la vie de province*, 1872) ou Charles DICKENS (*Oliver Twist*, 1838 ; *David Copperfield*, 1850 ; *Les Temps difficiles*, 1854, parmi tant d'autres).

Un sursaut de romantisme ? Emily BRONTË (*Les Hauts de Hurlevent*, 1947) et Charlotte BRONTË (*Jane Eyre*, 1847) sauront vous ravir.

D.H. LAWRENCE, figure parmi les grands auteurs du XXe siècle. À travers ses romans (*L'Amant de Lady Chatterley*, 1932 notamment), il plaide pour l'abandon de l'intellectualisme et du froid matérialisme de la vie qui – déjà – caractérisait son époque.

Et pourquoi pas Iris MURDOCH, qui analyse de manière habile et drôle la vie de ses contemporains (*Une Tête coupée*, 1961 ; *La Mer, la mer*, 1978 ; *Les Cloches*, 1985) ?

Et puis, n'oublions pas Robert Louis BALFOUR STEVENSON, dont tout le monde connaît *L'Île au trésor* (1883), mais dont il faut aussi avoir lu *Docteur Jekyll et Mister Hyde*, 1885 et *Le Maître de Ballantrae*, 1889 ; SOMMERSET MAUGHAM, dont nous retiendrons *Liza de Lambeth*, 1897 et *Mrs. Craddock*, 1902, deux romans réalistes qui décrivent la vie londonienne ; Graham GREENE dont nous ne citerons que *Le Rocher de Brighton*, 1938,

mais dont les romans, qui se déroulent dans des pays très variés, sont aussi nombreux que réussis...
Cette liste des auteurs britanniques importants reste bien sûr très incomplète, mais nous y ajouterons deux noms incontournables, ceux de Sir Arthur CONAN DOYLE et d'Agatha CHRISTIE, dont on aime retrouver les célébrissimes Sherlock Holmes, Hercule Poirot et Miss Marple d'aventure en aventure, comme de vieux amis !

Voici tout de même quatre titres récents, faciles à lire et amusants :

HORNBY (Nick), traduit par Gilles Lergen, *Haute Fidélité,* éditions 10/18 n° 3056, Paris. ISBN 226402713-4.
Un jeune disquaire londonien raconte sa passion pour la musique et dresse le bilan de sa vie devant les bacs de son magasin...

FIELDING (Helen), traduit par Arlette Stroumza, *Le Journal de Bridget Jones,* éditions J'ai Lu n° 5418, Paris. ISBN 229030039X.
Histoire comique d'une célibataire qui cherche l'amour et essaie d'éviter sa mère déjantée.

TOWNSEND (Sue), traduit et adapté par Anne Debarède, *La Reine et moi,* éditions du Seuil, collection "points virgule n° 140", Paris, 1999. ISBN 2020197227.
Un nouveau gouvernement décide de détrôner la Reine et oblige la famille royale à quitter Buckingham Palace pour un quartier populaire du Nord de l'Angleterre...

PAXMAN (Jeremy), préface de Theodore ZELDIN, traduction de Bernard Cohen, *Les Anglais : Portrait d'un peuple,* éditions Saint-Simon, 2003. ISBN 2915134030.

Dans ce portrait intime, un célèbre journaliste anglais a décrypté tous les aspects de la "British Touch".

Grammaire

Vous en trouverez bien sûr toutes sortes et pour tous niveaux en librairie. Pour les débutants, nous recommandons plus particulièrement l'ouvrage suivant, où les explications sont claires et à la portée de tous :

• *L'Anglais de A à Z*, Michael SWAN et Françoise HOUDART, éditions Hatier, Paris, 2003. ISBN 221873656X.

Dictionnaires

Vous n'aurez que l'embarras du choix, parmi les bons dictionnaires bilingues anglais-français / français-anglais. Le mieux serait de prendre le temps d'en feuilleter plusieurs. Parmi les choix possibles au format "poche" :

• *Dictionnaire de poche français-anglais / anglais-français*, collectif, éditions Hachette Éducation, Paris, 2003. ISBN 2012805507.

• *Dictionnaire de poche anglais-français – français-anglais*, collectif, éditions Harrap's, Londres, 2001. ISBN 0245504060.

Les méthodes Assimil

Collection Sans Peine

Pour vous permettre d'apprendre les langues avec plaisir et aisance, Assimil applique dans ses méthodes un principe exclusif, très simple mais efficace,

l'assimilation intuitive®

Ce principe reprend (en l'adaptant) le processus naturel grâce auquel chacun d'entre nous a appris sa langue maternelle.
Très progressivement, au moyen de dialogues vivants, de notes simples et d'exercices, Assimil vous mène du b.a.-ba à la conversation courante.
Durant la première partie de votre étude (appelée phase passive), vous vous laissez imprégner par la langue en lisant, écoutant et répétant chaque leçon.
Au bout de 50 leçons, vous entamez la phase active qui vous permet d'appliquer les structures et mécanismes assimilés, tout en continuant à progresser.

En peu de mois, quelle que soit la langue choisie, vous êtes capable de parler sans effort ni hésitation, de manière très naturelle.

LISTE DES VERBES IRRÉGULIERS LES PLUS COURANTS

Infinitif	Prétérit	Participe Passé	Traduction
be	was, were	been	*être*
become	became	become	*devenir*
begin	began	begun	*commencer*
bite	bit	bitten	*mordre*
bleed	bled	bled	*saigner*
break	broke	broken	*casser*
bring	brought	brought	*apporter*
build	built	built	*construire*
burn	burnt	burnt	*brûler*
buy	bought	bought	*acheter*
can	could	could	*pouvoir*
choose	chose	chosen	*choisir*
come	came	come	*venir*
cost	cost	cost	*coûter*
cut	cut	cut	*couper*
do	did	done	*faire*
drink	drank	drunk	*boire*
drive	drove	driven	*conduire*
eat	ate	eaten	*manger*
fall	fell	fallen	*tomber*
feed	fed	fed	*nourrir*
feel	felt	felt	*sentir, ressentir*
find	found	found	*trouver*
fly	flew	flown	*voler (oiseaux, avion)*
forget	forgot	forgotten	*oublier*
get	got	got	*obtenir, devenir*
give	gave	given	*donner*
go	went	gone	*aller*
grow	grew	grown	*croître, devenir*

have	had	had	*avoir*
hear	heard	heard	*entendre*
hit	hit	hit	*frapper*
hold	held	held	*tenir*
keep	kept	kept	*garder, tenir*
know	knew	known	*savoir, connaître*
learn	learnt	learnt	*apprendre*
leave	left	left	*quitter, partir*
lend	lent	lent	*prêter*
let	let	let	*laisser (faire), louer*
light	lit	lit	*éclairer*
lose	lost	lost	*perdre*
make	made	made	*faire*
may	might		*pouvoir*
mean	meant	meant	*signifier, vouloir dire*
meet	met	met	*rencontrer*
pay	paid	paid	*payer*
put	put	put	*mettre*
read	read	read	*lire*
ring	rang	rung	*sonner, appeler*
run	ran	run	*courir*
say	said	said	*dire*
see	saw	seen	*voir*
sell	sold	sold	*vendre*
send	sent	sent	*envoyer*
show	showed	shown	*montrer*
shut	shut	shut	*fermer*
sit	sat	sat	*s'asseoir*
sleep	slept	slept	*dormir*
speak	spoke	spoken	*parler*
spend	spent	spent	*dépenser, passer (du temps)*
steal	stole	stolen	*voler (dérober)*
swim	swam	swum	*nager*
take	took	taken	*prendre*
teach	taught	taught	*enseigner*

tell	told	told	*dire, raconter*
think	thought	thought	*penser, croire*
understand	understood	understood	*comprendre*
wear	wore	worn	*porter (vêtements)*
win	won	won	*gagner*
write	wrote	written	*écrire*

LEXIQUES

Les lexiques que nous vous proposons ici ne sont pas exhaustifs ; nous y avons repris le vocabulaire des différentes rubriques et ajouté d'autres mots dont vous pourriez avoir besoin lors d'un séjour en Grande-Bretagne. Les traductions vous donnent les acceptions les plus courantes.
(m.) = masculin ; *(f.)* = féminin

Anglais – Français

A

a	un, une
abortion	avortement
about	environ, presque, au sujet de
above	au-dessus (de)
abroad	à l'étranger
absent	absent
accelerate (to ~)	accélérer
accident	accident
accommodation	hébergement
accompany (to ~)	accompagner
account	compte
accusation	accusation
acquaintance	connaissance
actor	acteur
actress	actrice
address	adresse
addressee	destinataire (courrier)
admission	admission
advantage	avantage
to afford	avoir les moyens
after	après
afternoon	après-midi
agree to (to ~)	consentir
air sickness	mal de l'air
airport	aéroport
all	tout, tous
allergy	allergie
alone	seul
already	déjà
although	bien que
amber	ambre
ambulance	ambulance
amount	somme (argent)
anchor	ancre

and	et
angry	en colère
animal	animal
ankle	cheville
annoy (to ~)	ennuyer
anorak	anorak
answer (to ~)	répondre
ant	fourmi
apologize (to ~)	s'excuser
appendix	appendice
apple	pomme
appointment	rendez-vous
apricot	abricot
appropriate	approprié
April	avril
area	périmètre
arm	bras
around	autour, autour de
arrival	arrivée
arrive (to ~)	arriver
ashtray	cendrier
ask (to ~)	demander
at once	tout de suite
at, to	à
attach (to ~)	attacher
attack	attaque
attention	attention
August	août
aunt	tante
autumn	automne
available	disponible
avocado	avocat (fruit)
to avoid	éviter

B

baby	bébé
back	dos ; en arrière ; de retour
bacon	lard
bad	mauvais
badger	blaireau (animal)
bag	sac
baggage	bagages
baked	cuit au four
baker	boulanger
bakery	boulangerie
ball point pen	stylo à bille
banana	banane
bandage	bandage
bank	banque
basin	lavabo, bassine, cuvette, bassin
basket	panier
bath	baignoire
bathroom	salle de bains
battery	pile
be (to ~)	être
beach	plage
bean	haricot
become (to ~)	devenir
bed	lit
bed and breakfast	pension, chambre d'hôte
beef	bœuf (viande)
beep (to ~)	klaxonner
beer	bière
before	avant
beggar	mendiant
behave (to ~)	se comporter
Belgian	belge
Belgium	Belgique
bell	sonnette, cloche
belt	ceinture
better	mieux
bicycle	bicyclette
big	gros, grand
bill	addition
binoculars	jumelles
bird	oiseau

birth	naissance
birthday	anniversaire
bitter	amer
black	noir
blackbird	merle
blackcurrant	cassis
bladder	vessie
blood	sang
blood pressure	pression artérielle
blouse	chemisier
blow (to ~)	souffler
blue	bleu
blueberry	mûre (fruit)
board and lodging	nourri-logé
boat	bateau
boiled	bouilli
bone	os
book	livre
bookshop	librairie
border	frontière
boring	ennuyeux
borrow (to ~)	emprunter
boss	chef, patron
bottle	bouteille
bowl	bol
box	boîte
boy	garçon
brain	cerveau
brake	frein
bread	pain
break (to ~)	casser
breakdown	panne
breakdown service	service de dépannage
breakfast	petit-déjeuner
breast	poitrine
to breathe	respirer
bridge	pont
bring (to ~)	apporter
bronchitis	bronchite
brother	frère
brush	brosse
bulb	bulbe
burn (to ~)	brûler
burning	brûlant
bus	bus
bus stop	arrêt de bus
busy	occupé
but	mais
butcher	boucher
butter	beurre
butterfly	papillon
buy (to ~)	acheter

C

cabbage	chou
cabin	cabine
cake	gâteau
call (to ~)	appeler
camcorder	caméscope
camera	appareil photo
camp site	terrain de camping
can *(verbe auxiliaire)*	pouvoir
Canada	Canada
Canadian	canadien
cancel (to ~)	annuler, supprimer
capital	capitale
car	voiture
car park	parking
caravan	caravane
careful	prudent
carpet	tapis
carrot	carotte
cash	argent liquide/ comptant
castle	château
cat	chat

catch (to ~)	attraper
catholic	catholique
cauliflower	chou-fleur
cave	grotte
cellar	cave
century	siècle
chair	chaise
change	monnaie
change (to ~)	changer
charge (to ~)	charger (batterie)
cheap	bon marché
cheap rate	bas prix, faible taux
check (to ~)	vérifier
cheese	fromage
chef	chef de cuisine
cherry	cerise
chestnut	châtaigne
chicken	poulet
child, children	enfant, enfants
chilly	frileux, frisquet
china	porcelaine
chips	pommes frites
chive	ciboulette
chocolate	chocolat
choice	choix
chop	côtelette
Christmas	Noël
church	église
cigar	cigare
cigarette	cigarette
cinema	cinéma
cinnamon	cannelle
clam	palourde
clear	clair
climate	climat
cloakroom	vestiaire
clock	horloge
cloud	nuage

club	boîte de nuit
clutch	embrayage
coach	autocar
coast	côte
coat	manteau
coat hanger	portemanteau
cobbler	cordonnier
coffee	café
coin	pièce de monnaie
cold	froid
collar bone	clavicule
colour	couleur
come (to ~)	venir
come in!	entrez !
comfortable	confortable
concussion	traumatisme
connection	correspondance (transports)
constant	constant, continu
consulate	consulat
consume (to ~)	consommer
contact lenses	lentilles de contact
contagious	contagieux
contraceptive	contraceptif
contradict (to ~)	contredire
to contribute	contribuer
conversation	conversation
cook	cuisinier
cook (to ~)	cuire, faire la cuisine
cool	frais
corkscrew	tire-bouchon
cost (to ~)	coûter
cotton	coton
cough (to ~)	tousser
count (to ~)	compter
counter	comptoir, guichet
countryside	campagne (lieu)
cow	vache

cranberry	airelle
cream	crème
crossing	passage, traversée
crossroads	carrefour
cry (to ~)	pleurer
cucumber	concombre
cure (to ~)	guérir
currency	devise (monnaie)
customs	douane
cut (to ~)	couper
cutlery	couverts (de table)

D

daily	quotidien
dance (to ~)	danser
danger	danger
dark	sombre
date	date
date of birth	date de naissance
daughter	fille (parenté)
day	jour
December	décembre
declare (to ~)	déclarer
delay (to ~)	retarder
dentist	dentiste
denture	dentier
deny (to ~)	nier, dénier
department store	grand magasin
departure	départ
deposit	caution
desperate	désespéré
dessert	dessert
destination	destination
determination	détermination
diabetic	diabétique
dial (to ~)	composer (tél.)
diarrhoea	diarrhée
die (to ~)	mourir
diesel	gazole
dig (to ~)	creuser
direction	direction
disinfectant	désinfectant
dislike of	dégoût de
district	quartier
disturb (to ~)	déranger
dive (to ~)	plonger
divorce (to ~)	divorcer
do (to ~)	faire
doctor	docteur, médecin
dog	chien
donkey	âne
door	porte
door handle	poignée de porte
double room	chambre double
dozen	douzaine
dress	robe
drink	boisson
drink (to ~)	boire
driving licence	permis de conduire
drug	produit pharma ceutique ; drogue
dry	sec
dry (to ~)	sécher
dry cleaner	pressing
duck	canard
duration	durée
duty	droit de douane

E

earn (to ~)	gagner (salaire)
earthquake	tremblement de terre
eat (to ~)	manger
egg	œuf
elbow	coude
electricity	électricité
embassy	ambassade

emergency	urgence, secours
emergency alarm	signal d'alarme
emergency exit	sortie de secours
engaged (to be ~)	fiancé (être ~)
engine	moteur
enough	assez
entry	entrée
evening	soir
examination	analyse / examen médical/e
excellent	excellent
exchange	échange, change
exchange rate	taux de change
excursion	excursion
exit	sortie
expensive	cher
express train	train express

F

face	visage
failure	échec
faint	évanouissement
fall (to ~)	tomber
family	famille
far (from)	loin (de)
farmer	agriculteur
fat	gros, gras
father	père
February	février
feel (to ~)	se sentir, sentir (sensation)
ferry	ferry
fever	fièvre
fig	figue
film	film, pellicule
fine	amende
finger	doigt
first	premier
first name	prénom
fish	poisson
fish (to ~)	pêcher
fishing licence	carte de pêche
flag	drapeau
flat	appartement
flight	vol
floor	étage, sol
flour	farine
flower	fleur
flu	grippe
fly	mouche
fly (to ~)	voler (avion)
follow (to ~)	suivre
food poisoning	intoxication alimentaire
foot, feet	pied, pieds
foreigner	étranger (personne)
forest	forêt
fork	fourchette
form	formulaire
fountain	fontaine
fox	renard
fracture	fracture
free	libre, gratuit
freedom	liberté
French	français
frequency	fréquence
fresh	frais
Friday	vendredi
fried	frit
friend	ami
frog	grenouille
full	plein
full board	pension complète

G

game	gibier, jeu
garden	jardin
garlic	ail
gear (box)	vitesse (boîte de ~)

get off (to ~) descendre
giant géant
gift cadeau
give (to ~) donner
girl fille
gland glande
glass verre
glasses lunettes
glove gant
glue colle
go (to ~) aller
goat chèvre
good bon
goods marchandises, biens
gooseberry groseille
government gouvernement
grandfather grand-père
grandmother grand-mère
grape raisin
grass herbe, gazon
greasy graisseux, gras
great grand, génial
green vert
grey gris
grilled grillé
grocer épicier
grocery store épicerie
grow (to ~) grandir, pousser, cultiver
grow up (to ~) devenir grand/adulte, grandir
guide guide
guilt culpabilité
guilty coupable

H

habit habitude
hail grêle
hair cheveux
hair dryer sèche-cheveux
hairdresser coiffeur
half demi, moitié
ham jambon
hand main
handbag sac à main
happen (to ~) arriver (événement)
harbour port
hard dur
hat chapeau
hatred haine
have (to ~) avoir
have to (to ~) devoir
he il
head tête
heart cœur
heat chaleur
helpful serviable
herbs fines herbes
here ici
high tide marée haute
history histoire
hold (to ~) tenir
holiday vacances
honey miel
horse cheval
hospital hôpital
hot chaud
hotel hôtel
hour heure
house maison
how comment
how many combien (dénombrables)
how much combien (indénombrables)
hurt (to ~) blesser
husband époux, mari

I

I	je
ice	glace
ice-cream	crème glacée
ice cube	glaçon
identity card	carte d'identité
illness	maladie
illuminate (to ~)	illuminer
impatience	impatience
improve (to ~)	améliorer
in	dans, en
in love	amoureux
included	inclus
independent	indépendant
indicator	clignotant (voiture)
indifferent	indifférent
inflammation	inflammation
information	information
injection	piqûre (méd.)
injury	blessure
injustice	injustice
inn	auberge
innocent	innocent
inside	à l'intérieur (de), dans
insult	insulte
insurance	assurance
insured	assuré
intentionally	intentionnellement
investigation	enquête policière
island	île
itch (to ~)	démanger

J

jacket	veste
jam	confiture
January	janvier
jaw	mâchoire
jeweller	bijoutier
jewellery	bijouterie
joke	plaisanterie
joke (to ~)	plaisanter
journey	voyage
juice	jus
July	juillet
June	juin

K

keep (to ~)	garder
key	clé
kidney	rein, rognon
kilometre	kilomètre
king	roi
kingdom	royaume
kiss	baiser
kiss (to ~)	embrasser
knee	genou
knife	couteau

L

label	étiquette
lace	dentelle
lady	dame
lake	lac
lamb	agneau
lamp	lampe
land (to ~)	atterrir
large	grand, gros
last	dernier
late	en retard, tard
later	plus tard
lawyer	avocat (droit)
laxative	laxatif
lead (to ~)	mener, conduire
lean	maigre (viande)
learn (to ~)	apprendre
leave (to ~)	laisser
left	gauche
leg	jambe

lemon	citron
letter	lettre
lettuce	laitue
life	vie
lifeboat	canot de sauvetage
lifejacket	gilet de sauvetage
lift	ascenseur
lifting jack	cric
light	lumière
lighthouse	phare (mer)
like (to ~)	aimer
lilo	matelas gonflable
lip	lèvre
little	petit, peu de (indé nombrables)
live (to ~)	vivre
liver	foie
lobster	langouste, homard
lock	serrure
long	long
long distance call	appel longue distance
lorry	camion
lose (to ~)	perdre
lost property office	bureau des objets trouvés
lounge	salon
love	amour
low tide	marée basse
lunch	déjeuner
lung	poumon

M

maiden name	nom de jeune fille
man, men	homme, hommes
map	carte géogra phique, plan
March	mars
marmelade	confiture d'oranges
match	allumette ; match
mattress	matelas
May	mai
maybe	peut-être
meal	repas
meat	viande
mechanic	mécanicien
medicine	médicament
midwife	sage-femme
mild	léger, doux
milk	lait
minced	haché
mineral water	eau minérale
minute	minute
mirror	miroir, glace
misery	misère
miss (to ~)	manquer
mix (to ~)	mélanger
mobile	portable (télé phone)
moist	humide, moite
moment	moment
Monday	lundi
money	argent (monnaie)
month	mois
monthly	mensuel
mood	humeur
moon	lune
more	plus, davantage
morning	matin, matinée
mosque	mosquée
mother	mère
motorway	autoroute
mountain	montagne
moustache	moustache
mouth	bouche
murder	meurtre
murderer	meurtrier

muscles	muscles
museum	musée
mushroom	champignon
musical	comédie musicale
mustard	moutarde

N

name	nom
napkin	serviette de table
narrow	étroit
nausea	nausée
near	proche
neck	cou
neighbour	voisin
nervous	nerveux
new	nouveau
newspaper	journal
next	prochain, suivant
nice	beau, agréable
night	nuit
night duty	service de nuit
no	non, pas de (négation)
noise	bruit
nose	nez
not	pas (négation)
nothing	rien
November	novembre
now	maintenant
number	nombre
nurse	infirmière
nut	noix

O

ocean	océan
October	octobre
office	bureau
often	souvent
oil	huile
ointment	pommade
old	vieux
old fashioned	démodé
on purpose	exprès (faire)
on time	ponctuel, à l'heure
on top, above	au-dessus
opinion	opinion, avis
optician	opticien
or	ou
our	notre, nos
outside	dehors, à l'extérieur de
overcast sky	ciel couvert
overtake (to ~)	dépasser, doubler (voiture)
own (to ~)	posséder
owner	propriétaire, patron
ox	bœuf (vivant)

P

packed lunch	panier repas
pain	douleur
pair	paire
palace	palace
pan	casserole
paralysis	paralysie
parcel	paquet, colis
park (to ~)	se garer
parking meter	horodateur
parsley	persil
passenger	passager
past	passé, passé de (heure)
pastime	passe-temps
pastry	pâtisserie (gâteau)
path	chemin
patient	patient
pavement	trottoir
pay (to ~)	payer
peach	pêche (fruit)

peanut	cacahuète	**potato**	pomme de terre
pear	poire	**power**	puissance
pedestrian	piéton	**precious**	précieux
pen	stylo	**prefer (to ~)**	préférer
pencil	crayon	**pregnant**	enceinte
people	gens	**preparation**	préparation
pepper	poivre ; poivron	**prescription**	ordonnance
perfume	parfum	**present**	présent (temps) ; cadeau
period	période ; règles	**pressure**	pression
petrol	essence	**pretend (to ~)**	simuler, prétendre
pharmacy	pharmacie	**prevent (to ~)**	empêcher
phone box	cabine téléphonique	**price**	prix
photograph	photographie	**priest**	prêtre
piece	morceau	**primitive**	primitif
pig	cochon	**probably**	probablement
pillow	oreiller	**progress**	progrès
pineapple	ananas	**prohibited**	interdit
pink	rose (couleur)	**proof**	preuve
place	lieu, place	**property**	propriété
plane	avion	**proposal**	proposition
plant	plante	**public conveniences**	toilettes publiques
plastic	plastique	**pull (to ~)**	tirer
plate	assiette	**punishment**	punition
platform	quai (train)	**purse**	porte-monnaie
play (to ~)	jouer	**pyjamas**	pyjama
police	police		
policeman (-woman)	policier (- femme)		

police station	commissariat de police
poor	pauvre
pond	étang
population	population
pork	porc
postcard	carte postale
post office	poste (bureau de ~)
postage	affranchissement

Q

quarrel	dispute, querelle
queen	reine
question	question
quick	rapide
quiet	tranquille, calme, silencieux

R

rabbit	lapin
radio	radio
rain	pluie

rain (to ~)	pleuvoir
raincoat	imperméable
rape (to ~)	violer
rare	rare
raspberry	framboise
rather	plutôt
razor	rasoir
razor blade	lame de rasoir
read (to ~)	lire
reasonable	raisonnable
receiver	combiné (tél.)
recommend (to ~)	recommander
red	rouge
reduce (to ~)	diminuer, réduire
reduction	diminution, réduc tion, remise
refreshment	rafraîchissement
registered letter	lettre recom mandée
registration	enregistrement
regulations	réglementation
religion	religion
rent (to ~)	louer
repair (to ~)	réparer
repeat (to ~)	répéter
report (to ~)	rapporter
reservation	réservation
reserved	réservé
resist (to ~)	résister
responsible	responsable
result	résultat
return (to ~)	retourner, revenir
return ticket	billet aller-retour
rice	riz
right	droite, vrai
ring	bague, anneau
ring (to ~)	sonner
ripe	mûr
river	rivière, fleuve
road	route
road sign	panneau de signalisation
roast	rôti (morceau de viande)
roasted	rôti (mode de cuisson)
roll (to ~)	rouler
rubber dinghy	bateau pneumati que
ruin (to ~)	ruiner

S

safety belt	ceinture de sécurité
safety pin	épingle de sûreté
salad	salade
salmon	saumon
salt	sel
sand	sable
Saturday	samedi
sauna	sauna
savoury	salé, épicé, savoureux
say (to ~)	dire
school	école
scissors	ciseaux
scrambled egg	œuf brouillé
screw	vis
screwdriver	tournevis
sea	mer
season	saison
seat	siège
seat belt	ceinture de sécurité
security	sécurité
see (to ~)	voir
sell (to ~)	vendre
sensitive	sensible
September	septembre

serious	sérieux
shallow	superficiel, peu profond
shape	forme
she	elle
sheet	drap
shiny	brillant
ship	navire, vaisseau
shirt	chemise
shivers	frissons
shoe	chaussure
shop	boutique, magasin
shop assistant	vendeur
shoulder	épaule
shower	douche
shrimp	crevette
shy	timide
sick	malade
sign (to ~)	signer
signature	signature
silk	soie
silver	argent (couleur)
single	célibataire
single room	chambre simple
sister	sœur
size	taille
skull	crâne
sleep (to ~)	dormir
smell (to ~)	sentir (odeur)
slice	tranche
slipper	pantoufle
slow	lent
slowly	lentement
smoke (to ~)	fumer
snake	serpent
snow	neige
soap	savon
society	société
sock	chaussette

socket	prise de courant
son	fils
soon	bientôt
sore throat	mal de gorge
sorry	pardon
soup	soupe
sour	aigre, acide
spare part	pièce détachée
sparrow	moineau
speak (to ~)	parler
speed limit	limitation de vitesse
spell (to ~)	épeler
spend (to ~)	dépenser, passer du temps
spice	épice
spider	araignée
spinach	épinards
spleen	déprime, rate (anatomie)
spoon	cuillère
spring	printemps, source, ressort
squirrel	écureuil
stain	tache
stamp	timbre
star	étoile
start (to ~)	démarrer, commencer
starter	entrée (plat)
starving	affamé
station	gare
stationer's shop	papeterie
steal (to ~)	voler (dérober)
steamed	à la vapeur
steel	acier
steep	escarpé
steering wheel	volant
stew (to ~)	mijoter

stomach	estomac
stone	pierre, caillou, noyau
stopover	escale
stormy	orageux
straight on	tout droit
strange	étrange
strawberry	fraise
street	rue
strict	rigoureux, strict
string	ficelle
student	étudiant/e
stroke (to ~)	caresser
stuffed	fourré, farci
substantial	copieux, substantiel
suburb	banlieue
sufficient	suffisant
sugar	sucre
suitcase	valise
summer	été
summit	sommet
sunburn	coup de soleil
Sunday	dimanche
supplement	supplément
sure	sûr
surgery	chirurgie
surname	nom de famille
sweet	doux, sucré, sucrerie
swim (to ~)	nager
swimsuit	maillot de bain
Swiss	suisse
Switzerland	Suisse
swollen	gonflé, enflé

T

table	table
tablecloth	nappe
tablet	comprimé
take (to ~)	prendre
take off (to ~)	décoller
talkative	bavard
tap	robinet d'eau
tap water	eau du robinet
task	tâche (devoir)
taste	goût
taste (to ~)	goûter, avoir le goût de
tea	thé
telephone	téléphone
telephone (to ~)	téléphoner
telephone directory	annuaire téléphonique
television	télévision
temperature	température
tender	tendre
tent	tente
terrible	terrible
thank you	merci
that	ça, cela
the	le, la, les
the day after tomorrow	après-demain
the day before yesterday	avant-hier
theatre	théâtre
there	là
they	ils/elles
thick	épais
thief	voleur
thigh	cuisse
thin	maigre
thing	chose
this	ceci
throat	gorge
thumb	pouce
Thursday	jeudi
ticket	ticket

tidy (to ~)	ranger
tie	cravate
tights	collants
timetable	horaire
tin opener	ouvre-boîte
tip	pourboire
tobacconist	bureau de tabac
today	aujourd'hui
toe	orteil
toilet	toilette
toilet paper	papier toilette
tomorrow	demain
tongue	langue
tonsils	amygdales
tool	outil
tooth, teeth	dent, dents
toothbrush	brosse à dents
toothpaste	dentifrice
torch	lampe de poche
touch (to ~)	toucher
tour	tour (excursion)
tourist	touriste
tow (to ~)	remorquer
towards	vers, en direction de, à l'égard de
towel	serviette de bain
tower	tour (bâtiment)
town	ville
town centre	centre-ville
town hall	Hôtel de ville
toy	jouet
traffic	circulation
traffic lights	feux de signalisation
train	train
tranquilliser	tranquillisant
translate (to ~)	traduire
translation	traduction
travel (to ~)	voyager
travel agent	agence de voyages
treatment	traitement
tree	arbre
trip	voyage
trousers	pantalon
trust	confiance
Tuesday	mardi
turkey	dinde
turn (to ~)	tourner

U

umbrella	parapluie
uncle	oncle
unconscious	inconscient
under age	mineur (âge)
Underground	métro
underneath	au-dessous, sous
understand (to ~)	comprendre

V

valid	valide
valley	vallée
van	camionnette
veal	veau
vegetable	légume
vegetarian	végétarien
velvet	velours
vinegar	vinaigre
visa	visa
visiting hours	heures de visite
vomit (to ~)	vomir

W

wait (to ~)	attendre
waiter	serveur
waitress	serveuse
wake (to ~)	éveiller
wake up (to ~)	réveiller, se réveiller

walk	promenade
walk (to ~)	marcher
wallet	portefeuille
wash (to ~)	laver
water	eau
waterfall	cascade
waterproof	étanche
wave	vague
we	nous
Wednesday	mercredi
week	semaine
week day	jour de la semaine
weekly	hebdomadaire
weird	bizarre
well being	bien-être
well done	bien cuit
what	que, quoi
wheel	roue
when	quand
where	où
which	quel/s, quelle/s, lequel, laquelle
whipped cream	crème fouettée
white	blanc
who	qui
whooping cough	coqueluche
wife	épouse
win (to ~)	gagner (prix)
window	fenêtre
windscreen	pare-brise
wing	aile
winter	hiver
wire	câble
with	avec
within	dedans
without	sans
witness	témoin
woman, women	femme, femmes
wonderful	merveilleux
wool	laine
work (to ~)	travailler, marcher (machine), fonctionner
work	travail
working day	jour ouvrable
wrap up (to ~)	emballer
write (to ~)	écrire
wrong	faux

X

x ray	radiographie, rayons X

Y

year	année
yellow	jaune
yes	oui
yesterday	hier
you	tu, vous
young	jeune
youth hostel	auberge de jeunesse

Z

zero	zéro
zoo	zoo

A

à	**at, to**
abricot	**apricot**
absent	**absent**
accélérer	**to accelerate**
accident	**accident**
accompagner	**to accompany**
accusation	**accusation**
acheter	**to buy**
acide (goût)	**sour**
acier	**steel**
acteur	**actor**
actrice	**actress**
addition	**bill**
admission	**admission**
adresse	**address**
aéroport	**airport**
affamé	**starving**
affranchissement	**postage**
agence de voyages	**travel agent**
agent de police	**policeman** *(m.)*, **policewoman** *(f.)*
agneau	**lamb**
agriculteur	**farmer**
aider	**to help**
aigre	**sour**
aile	**wing**
ail	**garlic**
aimer	**to like, to love**
airelle	**cranberry**
à la vapeur	**steamed**
aller	**to go**
allergie	**allergy**
aller-retour, billet	**return ticket**
allumette	**match**
ambassade	**embassy**
ambre	**amber**
ambulance	**ambulance**
améliorer	**to improve**
amende	**fine**
amer	**bitter**
ami	**friend**
amoureux	**in love**
amour	**love**
amygdales	**tonsils**
analyse/examen (médical)	**examination**
ananas	**pineapple**
ancre	**anchor**
âne	**donkey**
animal	**animal**
année	**year**
anniversaire	**birthday**
annuaire téléphonique	**telephone directory**
annuler	**to cancel**
anorak	**anorak**
août	**August**
appareil photo	**camera**
appartement	**flat**
appeler	**to call**
appel longue distance	**long distance call**
appendice	**appendix**
apporter	**to bring**
apprendre	**to learn**
approprié	**appropriate**
après	**after**
après-demain	**the day after tomorrow**
après-midi	**afternoon**
araignée	**spider**

arbre	**tree**
argent liquide/ comptant	**cash**
argent (monnaie)	**money**
argent (couleur, matière)	**silver**
arrêt	**stop**
arrêt de bus	**bus stop**
arrivée	**arrival**
arriver (événement)	**to happen**
arriver	**to arrive**
ascenseur	**lift**
assurance	**insurance**
assez	**enough**
assiette	**plate**
assuré	**insured**
attacher	**to attach, to fasten**
attaque	**attack**
attendre	**to wait**
attention	**attention**
atterrir	**to land**
attraper	**to catch**
au-dessous	**underneath, below**
au-dessus	**on top, above**
auberge	**inn**
auberge de jeunesse	**youth hostel**
aujourd'hui	**today**
autocar	**coach**
automne	**autumn**
autoroute	**motorway**
autour	**around**
avant	**before**
avantage	**advantage**
avant-hier	**the day before yesterday**
avec	**with**
avion	**plane**
avis	**opinion**
avocat (profession)	**lawyer**
avocat (fruit)	**avocado**
avoir	**to have**
avortement	**abortion**
avril	**April**

B

bagages	**baggage, luggage**
bague	**ring**
baignoire	**bath**
baiser	**kiss**
banane	**banana**
bandage	**bandage**
banlieue	**suburb**
banque	**bank**
bas prix	**cheap rate**
bateau	**boat, ship**
bateau pneumatique	**rubber dinghy**
bavard	**talkative, chatty**
beau	**nice, beautiful**
bébé	**baby**
belge	**Belgian**
Belgique	**Belgium**
beurre	**butter**
bien cuite (viande)	**well done**
bicyclette	**bicycle**
bien que	**although**
bientôt	**soon**
bière	**beer**
bijouterie	**jewellery**
bijoutier	**jeweller**
bizarre	**weird**
blaireau (animal)	**badger**
blanc	**white**

blesser	**to hurt, injure**
blessure	**injury**
bleu	**blue**
bœuf (viande)	**beef**
bœuf (animal)	**ox**
boire	**to drink**
bois	**wood**
boisson	**drink**
boîte	**box**
boîte de nuit	**club**
bol	**bowl**
bon	**good**
bon marché	**cheap**
bouche	**mouth**
boucher	**butcher**
bouilli	**boiled**
boulanger	**baker**
bouteille	**bottle**
boutique	**shop**
bras	**arm**
brillant	**shiny, glossy**
bronchite	**bronchitis**
brosse	**brush**
brosse à dents	**toothbrush**
brouillé (œuf)	**scrambled**
bruit	**noise**
brûlant	**burning**
brûler	**to burn**
bulbe	**bulb**
bureau	**office**
bureau de change	**bureau de change, change office**
bureau de tabac	**tobacconist**
bus	**bus**

C

cabine	**cabin**
cabine téléphonique	**phone box**
câble	**wire, cable**
cacahuète	**peanut**
cadeau	**gift, present**
café	**coffee**
caméscope	**camcorder**
camion	**lorry**
camionnette	**van**
campagne (lieu)	**countryside**
camping (terrain)	**camp site**
Canada	**Canada**
canadien	**Canadian**
canard	**duck**
cannelle	**cinnamon**
canot de sauvetage	**lifeboat**
capitale	**capital**
car	**bus, coach**
caravane	**caravan**
caresser	**to stroke, caress**
carrefour	**crossroads**
carotte	**carrot**
carte d'identité	**identity card**
carte de pêche	**fishing licence**
carte (plan)	**map**
carte postale	**postcard**
cascade	**waterfall**
casser	**to break**
casserole	**pan**
cassis	**blackcurrant**
ça, cela	**that**
catholique	**catholic**
caution	**deposit**
cave	**cellar**
ceci	**this**
ceinture	**belt**
ceinture de sécurité	**seat/safety belt**
célibataire	**single**
cendrier	**ashtray**
centre-ville	**town centre**

cerise	**cherry**
cerveau	**brain**
chaise	**chair**
chaleur	**heat**
chambre double	**double room**
chambre simple	**single room**
champignon	**mushroom**
change	**exchange**
changer	**to change**
chapeau	**hat**
charger (batterie)	**to charge**
chat	**cat**
châtaigne	**chestnut**
château	**castle**
chaud	**hot**
chaussette	**sock**
chaussure	**shoe**
chef	**boss**
chef cuisinier	**chef**
chemin	**path, lane**
chemise	**shirt**
chemisier	**blouse**
cher (coût)	**expensive**
cheval	**horse**
cheveu/x	**hair**
cheville	**ankle**
chèvre	**goat**
chien	**dog**
chirurgie	**surgery**
chocolat	**chocolate**
choix	**choice**
chose	**thing**
chou	**cabbage**
chou-fleur	**cauliflower**
ciboulette	**chives**
cigare	**cigar**
cigarette	**cigarette**
cinéma	**cinema**
circulation	**traffic**
ciseaux	**scissors**
citron	**lemon**
clair	**clear, light**
clavicule	**collar bone**
clé	**key**
climat	**climate**
clignotant (voiture)	**indicator**
cochon	**pig**
cœur	**heart**
coiffeur	**hairdresser**
collants	**tights**
colle	**glue**
combien	**how much, how many**
combiné (tél.)	**receiver**
comédie musicale	**musical**
comment	**how**
commissariat	**police station**
comporter (se ~)	**to behave**
composer (tél.)	**to dial**
comprendre	**to understand**
comprimé	**tablet**
compte	**account**
compter	**to count**
comptoir	**counter**
concert	**concert**
concombre	**cucumber**
condensation	**moist, damp**
confiance	**trust**
confiture	**jam**
confortable	**comfortable**
consentir	**to agree to**
consulat	**consulate**
contagieux	**contagious**
contraceptif	**contraceptive**
contredire	**to contradict**
contribuer	**to contribute**
conversation	**conversation**

copieux	**substantial, plentiful**
coqueluche	**whooping cough**
cordonnier	**cobbler**
correspondance (transp.)	**connection**
côte (géo.)	**coast**
côte (anat. et cul.)	**rib**
coton	**cotton**
couchette	**couchette**
coude	**elbow**
couleur	**colour**
cou	**neck**
coup de soleil	**sunburn**
coupable	**guilty**
couper	**to cut**
couteau	**knife**
coûter	**to cost**
couverts	**cutlery**
crâne	**skull**
cravate	**tie**
crayon	**pencil**
crème	**cream**
crème fouettée	**whipped cream**
crevette	**shrimp, prawn**
cric	**lifting jack**
cuillère	**spoon**
cuire	**to cook**
cuisinier	**cook, chef**
cuisse	**thigh, leg**
cuit au four	**baked**

D

dame	**lady**
danger	**danger**
dans	**in**
danser	**to dance**
date de naissance	**date of birth**
date	**date**
décembre	**December**
déclarer	**to declare**
décoller (avion)	**to take off**
dedans	**within, inside**
dehors	**outside**
déjà	**already**
déjeuner (midi)	**lunch**
déjeuner (verbe)	**to have lunch**
déjeuner (verbe ; le matin)	**to have breakfast**
délicieux	**delicious**
demain	**tomorrow**
demander	**to ask**
démanger	**to itch**
démarrer	**to start**
demi	**half**
démodé	**old fashioned**
dent, dents	**tooth, teeth**
dentelle	**lace**
dentier	**denture**
dentifrice	**toothpaste**
dentiste	**dentist**
départ	**departure**
dépenser	**to spend**
"déprime"	**spleen**
déranger	**to disturb**
dernier	**last**
descendre (du train...)	**to get off (the train...)**
désinfectant	**disinfectant**
dessert	**dessert**
dessous	**underneath, beneath**
dessus	**above, over**
destinataire (courrier)	**addressee**
destination	**destination**

devant	**in front of**
devenir	**to become**
déviation (circul.)	**diversion**
devise (monnaie)	**currency**
devoir (verbe)	**to have to, must**
diabétique	**diabetic**
diarrhée	**diarrhoea**
dimanche	**Sunday**
diminuer	**to reduce**
diminution	**reduction**
dinde	**turkey**
dîner (nom)	**dinner**
dîner (verbe)	**to have dinner, to dine**
dire	**to say**
direction	**direction**
disponible	**available**
dispute	**quarrel**
distance	**distance**
docteur	**doctor**
doigt	**finger**
donner	**to give**
dormir	**to sleep**
dos	**back**
douane	**customs**
doubler (voiture)	**to overtake**
douche	**shower**
douleur	**pain**
doux (goût)	**sweet**
doux (toucher)	**soft, smooth**
douzaine	**dozen**
drap	**sheet**
drapeau	**flag**
drogue	**drug**
droite	**right**
droit de douane	**duty**
dur	**hard**
dur (viande)	**tough**
durée	**duration**

E

eau	**water**
eau-de-vie	**brandy**
eau du robinet	**tap water**
eau minérale	**mineral water**
écharpe	**scarf**
école	**school**
écrire	**to write**
écureuil	**squirrel**
écurie	**stable**
église	**church**
électricité	**electricity**
elle	**she**
elles	**they**
emballer	**to wrap up**
embrasser	**to kiss**
embrayage	**clutch**
empêcher	**to prevent**
emprunter	**to borrow**
en arrière	**back**
enceinte	**pregnant**
en colère	**angry**
enfant, enfants	**child, children**
ennuyer	**to annoy**
ennuyeux	**boring**
enquête policière	**investigation**
enregistrement (bagages)	**registration**
enregistrement (son)	**recording**
entendre	**to hear**
entrée (plat)	**starter**
entrée (bâtiment)	**entry**
entrez !	**come in!**
environ	**about**
épais	**thick**

épaule	**shoulder**
épeler	**to spell**
épicerie (magasin)	**grocer, grocer's shop**
épice	**spice**
épinard	**spinach**
épingle de sûreté	**safety pin**
épouse	**wife**
époux	**husband**
escale	**stopover**
escarpé	**steep**
essayer	**to try**
essayer (vêtement)	**to try on**
essence	**petrol**
est	**east**
estomac	**stomach**
étage, sol	**floor**
étanche	**waterproof**
et	**and**
été	**summer**
étiquette	**label**
étang	**pond**
étoile	**star**
étrange	**strange**
étranger (personne)	**foreigner**
étranger (à l' ~)	**abroad**
être	**to be**
étroit	**narrow**
étudiant	**student**
évanouissement	**faint**
éveiller	**to wake**
éviter	**to avoid**
examen (scolaire)	**exam**
examen médical	**medical examination**
excellent	**excellent**
excursion	**excursion**
excuser (s'~)	**to apologize**
exprès (action)	**on purpose**
express, train	**express train**

F

faim (avoir ~)	**to be hungry**
faire	**to do, make**
famille	**family**
farine	**flour**
faux	**wrong**
femme, femmes	**woman, women**
femme (épouse)	**wife**
fenêtre	**window**
ferry	**ferry**
feux de signalisation	**traffic lights**
février	**February**
fiancé (être ~)	**to be engaged**
fiancé, fiancée	**fiancé, fiancée**
ficelle	**string**
fièvre	**fever**
figue	**fig**
fille	**girl**
fille (parenté)	**daughter**
film	**film**
fils	**son**
fleur	**flower**
foie	**liver**
fontaine	**fountain**
forêt	**forest**
forme (objet)	**shape**
formulaire	**form**
fort	**strong**
fourchette	**fork**
fourré, farci	**stuffed**
fracture	**fracture**
frais (temp.)	**cool**
frais (alim.)	**fresh**
fraise	**strawberry**
framboise	**raspberry**
France	**France**

frein	**brake**
fréquence	**frequency**
frère	**brother**
frileux, frisquet	**chilly**
frissons	**shivers**
frit	**fried**
froid	**cold**
fromage	**cheese**
frontière	**border**
fruit	**fruit**
fumer	**to smoke**

G

gagner (salaire)	**to earn**
gagner (prix)	**to win**
gant	**glove**
garçon	**boy**
garder	**to keep**
gare	**station**
garer (se ~)	**to park**
gâteau	**cake**
gauche	**left**
gazole	**diesel**
gazon	**grass, lawn**
géant	**giant**
génial	**great**
genou	**knee**
gens	**people**
gibier	**game**
gilet de sauvetage	**lifejacket**
glace (matière)	**ice**
glace (crème glacée)	**ice-cream**
glaçon	**ice cube**
glande	**gland**
gobelet	**cup**
goéland	**(sea)gull**
gorge	**throat**
goût	**taste**
goûter (verbe)	**to taste**
gouvernement	**government**
grand	**big, tall**
grand-mère	**grandmother**
grand-père	**grandfather**
grand magasin	**department store**
gras	**greasy, fat**
gratuit	**free (of charge)**
grêle	**hail**
grenouille	**frog**
grillé	**grilled**
grippe	**flu**
gris	**grey**
gros (sens de grand)	**big**
gros (sens de gras)	**fat**
groseille	**gooseberry**
guérir	**to cure**
guichet	**counter**
guide	**guide**

H

habitude	**habit**
haché	**minced**
haine	**hatred**
haricot	**bean**
hebdomadaire	**weekly**
hébergement	**accommodation**
herbe	**grass**
herbes aromatiques	**herbs**
hérisson	**hedgehog**
heure	**hour**
heures de visite	**visiting hours**
hier	**yesterday**
histoire	**history**
hiver	**winter**
homard	**lobster**

homme, hommes	**man, men**
hôpital	**hospital**
horaire	**timetable**
horloge	**clock**
horodateur	**parking meter**
hôtel de ville	**town hall**
hôtel	**hotel**
huile	**oil**
humeur	**mood**

I

ici	**here**
il	**he**
île	**island**
illuminer	**to illuminate**
ils	**they**
impatience	**impatience**
imperméable	**raincoat**
inclus	**included**
inconscient	**unconscious**
indépendant	**independent**
indifférent	**indifferent**
infirmière	**nurse**
inflammation	**inflammation**
information	**information**
injustice	**injustice**
innocent	**innocent**
insulte	**insult**
intentionnellement	**intentionally**
interdit	**prohibited**
intoxication alimentaire	**food poisoning**

J

jambe	**leg**
jambon	**ham**
janvier	**January**
jardin	**garden**
jaune	**yellow**
je	**I**
jeudi	**Thursday**
jeune	**young**
jouer	**to play**
jouet	**toy**
jour	**day**
jour de la semaine	**week day**
jour ouvrable	**working day**
journal	**newspaper**
juillet	**July**
juin	**June**
jumelles (vue)	**binoculars**
jus	**juice**

K

kilomètre	**kilometre**
klaxonner	**to beep**

L

la	**the**
là	**there**
lac	**lake**
laine	**wool**
laisser	**to leave**
lait	**milk**
laitue	**lettuce**
lame de rasoir	**razor blade**
lampe	**lamp**
lampe de poche	**torch**
langouste	**lobster**
langue	**tongue**
lapin	**rabbit**
lard	**bacon**
larynx	**larynx**
lavabo	**basin**
laver	**to wash**
laxatif	**laxative**
le	**the**
léger	**light, mild**

légume	**vegetable**
lent	**slow**
lentement	**slowly**
lentille	**lentil**
lentilles de contact	**contact lenses**
les	**the**
lettre	**letter**
lettre recommandée	**registered letter**
lèvre	**lip**
liberté	**freedom, liberty**
librairie	**bookshop**
libre	**free**
lieu	**place**
limitation de vitesse	**speed limit**
lire	**to read**
lit	**bed**
livre	**book**
loin	**far**
long	**long**
longtemps	**a long time, long**
louer	**to rent, to hire**
lourd	**heavy**
lumière	**light**
lundi	**Monday**
lune	**moon**
lunettes	**glasses**

M

ma	**my**
mâchoire	**jaw**
magasin	**shop**
maigre	**thin**
maigre (viande)	**skinny, lean**
maillot de bain	**swimsuit**
mai	**May**
main	**hand**
maintenant	**now**
mais	**but**
maison	**house**
malade	**sick, ill**
maladie	**illness, disease**
mal de gorge	**sore throat**
mal de l'air	**air sickness**
mal de mer	**sea sickness**
manger	**to eat**
manquer	**to miss**
manteau	**(over)coat**
marchandise	**goods**
marché	**market**
marché aux puces	**flea market**
marcher	**to walk**
marcher (fonctionner)	**to work**
mardi	**Tuesday**
marée basse	**low tide**
marée haute	**high tide**
mari	**husband**
mars	**March**
matelas	**mattress**
matelas gonflable	**lilo**
matin	**morning**
matinée	**morning**
mauvais	**bad**
mécanicien	**mechanic**
médecin	**doctor**
médicament	**medicine**
mélanger	**to mix**
même (le ~/la ~)	**same (the ~)**
mendiant	**beggar**
mener	**to lead**
mensuel	**monthly**
mer	**sea**
merci	**thank you**
mercredi	**Wednesday**

mère	**mother**
merle	**blackbird**
merveilleux	**wonderful**
météo	**weather report**
métier	**profession, trade**
métro	**Underground**
meurtre	**murder**
meurtrier	**murderer**
midi	**midday, noon**
miel	**honey**
mieux	**better**
mijoter	**to stew**
mineur (âge)	**under age**
minute	**minute**
miroir	**mirror**
misère	**misery**
moineau	**sparrow**
moins (que)	**less (than)**
mois	**month**
moitié	**half**
moment	**moment**
monnaie	**change**
montagne	**mountain**
montrer	**to show**
morceau	**piece**
mosquée	**mosque**
moteur	**engine**
mouche	**fly**
moule (coquillage)	**mussel**
mourir	**to die**
moustache	**moustache**
moutarde	**mustard**
mouton	**sheep**
mûr	**ripe**
mûre (fruit)	**blackberry, mulberry**
muscle	**muscle**
musée	**museum**

N

nager	**to swim**
naissance	**birth**
nappe	**tablecloth**
naturel	**natural**
nausée	**nausea**
navire	**ship**
neige	**snow**
nerveux	**nervous**
nez	**nose**
Noël	**Christmas**
noir	**black**
noix	**nut**
nombre	**number**
nom	**name**
nom de famille	**surname**
nom de jeune fille	**maiden name**
non	**no**
nord	**north**
notre	**our**
nourri-logé	**board and lodging**
nous	**we**
nouveau	**new**
novembre	**November**
noyau (fruit)	**stone**
nuage	**cloud**
nuit	**night**

O

objets trouvés	**lost property office**
occupé	**busy**
océan	**ocean**
octobre	**October**
œil	**eye**
œuf	**egg**
oie	**goose**

oignon	**onion**
oiseau	**bird**
oncle	**uncle**
opinion	**opinion**
opticien	**optician**
or (matière)	**gold**
orageux	**stormy**
orange	**orange**
ordonnance	**prescription**
oreille	**ear**
oreiller	**pillow**
orteil	**toe**
os	**bone**
ou	**or**
où	**where**
oublier	**to forget**
oui	**yes**
outil	**tool**
ouvre-boîte	**tin opener**
ouvrir	**to open**

P

pain	**bread**
paire	**pair**
palais	**palace**
panier	**basket**
panier-repas	**packed lunch**
panneau de signalisation	**road sign**
panne	**breakdown**
pantalon	**trousers**
pantoufles	**slippers**
papeterie (magasin)	**stationer's shop**
papier-toilette	**toilet paper**
papillon	**butterfly**
paquet	**parcel**
paralysie	**paralysis**
parapluie	**umbrella**
parc	**park**
pardon	**sorry**
pare-brise	**windscreen**
parfum	**perfume**
parking	**car park**
parler	**to speak, to talk**
pas (négation)	**not**
passage	**crossing**
passager	**passenger**
passe-temps	**pastime**
pâtes	**pasta, noodles**
patient	**patient**
pâtisserie (gâteau)	**pastry**
patron	**owner**
pauvre	**poor**
payer	**to pay**
pêche	**peach**
pêcher (poisson)	**to fish**
pellicule	**film**
pension	**bed and breakfast**
pension complète	**full board**
perdre	**to lose**
père	**father**
permis de conduire	**driving licence**
persil	**parsley**
petit	**little, small**
petit-déjeuner	**breakfast**
peu	**little, few**
peut-être	**maybe**
phare (mer)	**lighthouse**
pharmacie	**pharmacy, chemist**
photographie	**photograph**
pièce (monnaie)	**coin**
pièce détachée	**spare part**
pied, pieds	**foot, feet**
pierre	**stone**
piéton	**pedestrian**
pile électrique	**battery**

piqûre (méd.)	**injection**
plage	**beach**
plaisanterie	**joke**
plaisanter	**to joke**
plastique	**plastic**
plan	**plan, map**
plante	**plant**
plein	**full**
pleurer	**to cry**
pleuvoir	**to rain**
plonger	**to dive**
pluie	**rain**
plus (davantage)	**more**
plus tard	**later**
plutôt	**rather**
poignée de porte	**door handle**
poire	**pear**
poisson	**fish**
poitrine	**breast**
poivre	**pepper**
poivron	**pepper**
police	**police**
pommade	**ointment**
pomme	**apple**
pomme de terre	**potato**
pommes frites	**chips**
ponctuel	**on time**
pont	**bridge**
population	**population**
porc	**pork**
porcelaine	**china**
portable (téléphone)	**mobile**
portefeuille	**wallet**
porte	**door**
portemanteau	**coat hanger**
porte-monnaie	**purse**
port	**harbour**
posséder	**to own**
poste (bureau de ~)	**post office**
pouce	**thumb**
poule	**hen**
poulet	**chicken**
poumon	**lung**
poupée	**doll**
pour	**for**
pourboire	**tip**
poussin	**chick**
pouvoir (verbe)	**can, may**
précieux	**precious**
préférer	**to prefer**
premier	**first**
prendre	**to take**
prénom	**first name**
préparation	**preparation**
présent	**present**
président	**president**
pressing	**dry cleaner**
pression	**pressure**
pression artérielle	**blood pressure**
prêtre	**priest**
preuve	**proof**
primitif	**primitive**
printemps	**spring**
prise de courant	**socket, plug**
prison	**prison**
prix	**price**
probablement	**probably**
prochain	**next**
proche	**near**
profond	**deep**
programme	**program(me)**
progrès	**progress**
promenade	**walk**
proposition	**proposal**
propriété	**property**
prudent	**careful**
puissance	**power**
pyjama	**pyjamas**

Q

quai (train) **platform**
quand **when**
quartier **district**
quel **which**
question **question**
qui **who**
quoi **what**
quotidien **daily**

R

raconter **to tell**
radio **radio**
radiographie **x ray**
rafraîchissement **refreshment**
raisin **grape**
raisonnable **reasonable**
ranger **to tidy**
rapide **quick, fast**
rapporter **to report**
rare **rare**
rasoir **razor**
rayons X **x ray**
recommander **to recommend**
réglementation **regulations**
règles (féminines) **period**
rein **kidney**
reine **queen**
religion **religion**
remorquer **to tow**
renard **fox**
rendez-vous **rendezvous, appointment**
réparations (service) **breakdown service**
réparer **to repair, to fix**
repas **meal**
répéter **to repeat**
répondre **to answer**
réservation **reservation**
réservé **reserved**
résister **to resist**
respirer **to breathe**
responsable **responsible**
résultat **result**
retard **delay**
retard (en ~) **late**
retarder **to delay**
retourner **to return**
revanche **revenge**
rien **nothing**
rivière **river**
riz **rice**
robe **dress**
robinet d'eau **tap**
rognon **kidney**
roi **king**
rose (couleur) **pink**
rose (fleur) **rose**
rôti (viande) **roast**
rôti (cuisson) **roast(ed)**
roue **wheel**
rouge **red**
rouler **to roll**
route **road**
royaume **kingdom**
rue **street**
ruiner **to ruin**

S

sable **sand**
sac **bag**
sac à main **handbag**
sage-femme **midwife**
saison **season**
salade **salad**
salé **salty, savoury**
salle de bains **bathroom**
salon **lounge**

samedi	**Saturday**
sang	**blood**
sans	**without**
sauce	**sauce**
saumon	**salmon**
sauna	**sauna**
savon	**soap**
sec	**dry**
sèche-cheveux	**hair dryer**
sécher	**to dry**
secours	**emergency**
revoir	**help**
secrétaire	**secretary**
sécurité	**security**
sel	**salt**
semaine	**week**
sensible	**sensitive**
sentir (odeur)	**to smell**
sentir (sens)	**to feel**
serpent	**snake**
septembre	**September**
sérieux	**serious**
serrure	**lock**
serveur	**waiter**
serveuse	**waitress**
serviable	**helpful**
service de nuit	**night duty**
serviette de bain	**towel**
serviette de table	**napkin**
seul	**alone**
siècle	**century**
siège	**seat**
signal d'alarme	**emergency alarm**
signature	**signature**
signer	**to sign**
société	**society**
sœur	**sister**
soie	**silk**
soir	**evening**
sombre	**dark**
somme (argent)	**amount**
sommet	**summit**
sonnette	**bell**
sortie	**exit**
sortie de secours	**emergency exit**
souffler	**to blow**
soupe	**soup**
souvent	**often**
stylo	**pen**
stylo à bille	**ball point pen**
sucre	**sugar**
suffisant	**sufficient**
Suisse	**Switzerland**
suisse	**Swiss**
suivant	**next**
suivre	**to follow**
supplément	**supplement**
supprimer	**to cancel, to delete**
sur	**on**
sûr	**sure**

T

table	**table**
tâche (devoir)	**task**
tache	**stain**
taille	**size**
tante	**aunt**
tapis	**carpet**
tarif	**price, tariff**
taux de change	**exchange rate**
téléphoner	**to telephone**
téléphone	**telephone**
télévision	**television**
témoin	**witness**
température	**temperature**
tendre (viande)	**tender**
tenir	**to hold**

tente	**tent**
terrible	**terrible**
tête	**head**
thé	**tea**
théâtre	**theatre**
ticket	**ticket**
timbre	**stamp**
timide	**shy**
tire-bouchon	**corkscrew**
tirer	**to pull**
toilette	**toilet**
toilettes publiques	**public conveniences**
tomber	**to fall**
toucher	**to touch**
tour (bâtiment)	**tower**
tour (excursion)	**tour**
touriste	**tourist**
tourner	**to turn**
tournevis	**screwdriver**
tousser	**to cough**
tout	**all**
tout de suite	**at once, straight away**
tout droit	**straight on**
traduction	**translation**
traduire	**to translate**
train	**train**
traitement	**treatment**
tranche	**slice**
tranquillisant	**tranquilliser**
tranquille	**quiet, calm**
traumatisme physique	**concussion**
travail	**work**
travailler	**to work**
traverser	**to cross**
tremblement de terre	**earthquake**
trottoir	**pavement**
tu	**you**

U

un, une	**a**

V

vacances	**holiday**
vache	**cow**
vague	**wave**
valide	**valid**
valise	**suitcase**
vallée	**valley**
veau	**veal**
végétarien	**vegetarian**
velours	**velvet**
vendeur (magasin)	**shop assistant**
vendre	**to sell**
vendredi	**Friday**
venir	**to come**
verre	**glass**
vérifier	**to check**
vert	**green**
vessie	**bladder**
veste	**jacket**
vestiaire	**cloakroom**
viande	**meat**
vie	**life**
vieux	**old**
ville	**town**
vinaigre	**vinegar**
visa	**visa**
visage	**face**
vis	**screw**
vitesse (boîte de ~)	**gear (box)**
vivre	**to live**
voir	**to see**
voisin	**neighbour**

voiture	**car**
vol	**flight**
volant	**steering wheel**
voler (avion)	**to fly**
voler (dérober)	**to steal**
voleur	**thief**
vomir	**to vomit**
vous	**you**
voyage	**journey, trip**
voyager	**to travel**
vrai	**right, true**

Z

zéro	**zero**
zoo	**zoo**

Achevé d'imprimer par Corlet, Imprimeur, S.A. - 14110 Condé-sur-Noireau
N° d'édition : 2950 - N° d'Imprimeur : 134355 - Dépôt légal : décembre 2010
Imprimé en France